LEADING WITH
CULTURAL INTELLIGENCE

〔美〕大卫·利弗莫尔 ◎著
王嗣俊 ◎编译

文化商
引领未来
·第二版·

北京大学出版社
PEKING UNIVERSITY PRESS

著作权合同登记号　图字：01-2015-2420

图书在版编目（CIP）数据

文化商引领未来：第2版/（美）大卫·利弗莫尔著；王嗣俊编译. —北京：北京大学出版社，2016.7
ISBN 978-7-301-27255-8

Ⅰ. ①文… Ⅱ. ①大… ②王… Ⅲ. ①文化交流—研究 Ⅳ. ①G115

中国版本图书馆CIP数据核字（2016）第148531号

Leading with Cultural Intelligence: The Real Secret to Success—Second Edition. Copyright © 2015 David Livermore. Published by AMACOM, a division of American Management Association, International, New York. All rights reserved.

书　　名	文化商引领未来（第二版） Wenhuashang Yinling Weilai
著作责任者	［美］大卫·利弗莫尔　著　王嗣俊　编译
责任编辑	白丽丽
标准书号	ISBN 978-7-301-27255-8
出版发行	北京大学出版社
地　　址	北京市海淀区成府路205号　100871
网　　址	http://www.pup.cn
电子信箱	law@pup.pku.edu.cn
新浪微博	@北京大学出版社　@北大出版社法律图书
电　　话	邮购部 62752015　发行部 62750672　编辑部 62752027
印刷者	北京中科印刷有限公司
经销者	新华书店
	880毫米×1230毫米　A5　9印张　168千字 2016年7月第1版　2016年7月第1次印刷
定　　价	36.00元

未经许可，不得以任何方式复制或抄袭本书之部分或全部内容。
版权所有，侵权必究
举报电话：010-62752024　电子信箱：fd@pup.pku.edu.cn
图书如有印装质量问题，请与出版部联系，电话：010-62756370

CONTENTS
目 录

序言　　I
前言　　III
编译者序　　XI

第一部　文化商与全球化领导者

003　第一章
　　　文化的重要性：为什么需要文化商

028　第二章
　　　什么是文化商

第二部　提高文化商

049　第三章
　　　CQ动力：发掘自身潜能

074　第四章
　　　CQ知识（上）：了解重要文化差异

106　第五章
　　　CQ知识（下）：文化比较之十维度

142 —— 第六章
　　　　CQ战略：千万别太任性

163 —— 第七章
　　　　CQ行动：忠于自我、进退有度

第三部 借势文化商

195 —— 第八章
　　　　高文化商领导者的"收益率"

218 —— 第九章
　　　　带出一支高文化商的团队

---

237 —— 后记　　你是一个真正的全球领导者吗？
241 —— 致谢
243 —— 附录一　　世界十大文化区
249 —— 附录二　　文化商研究中心资源一览
251 —— 注释

序 言

我们很高兴为大卫·利弗莫尔（David Livermore）的最新力作《文化商引领未来》（第二版）作序。作为致力于理论与实践相结合的学者，我们首先提出了文化商（Cultural Intelligence，CQ）概念并围绕如何测量文化商等相关命题做了大量早期学术研究。大卫用他丰富的研究经验以及与全球优秀领导者长期合作之实践经验，将文化商有关研究成果借以此书奉献给读者。

很少有人能将深奥的学术研究用通俗易懂的语言介绍给读者。大卫先前关于文化商的多部畅销图书证明他是深谙此道的大师，这部力作也不例外。他懂得管理理论需要基于实证研究的重要性，强调观点的科学实证性，而不是靠趣闻轶事来立论。

自从《文化商引领未来》的第一版问世以来，世界范围内涌现了大量文化商的研究学者和接受文化商理念的实践工作者。目前文化商领域的研究不仅涉及文化商的提前变量、结果变量，还出现了许多融入中间变量和调和变量的实证研究。这部新版《文化商引领未来》收集了大量的最新研究成果，为读者呈现了最新文化商研究成果，并为经理人员、企业员工提供了诸多实际可行的建议。

本书适合各种担任领导职位的读者，尤其是跨国公司领导、多元文化团队成员、人力资源经理、在职培训人员、企业行为研究人员以及学习管理学、心理学和其他相关专业的学生们。这本书应该对所有希望了解如何在文化日益多元化、经济日益全球化的今天，有效担任领导工作的读者都会大有裨益。

能为这本开启了 21 世纪培养具有高文化商素质领导人才的力作(新版)作序令我们三生有幸！

——洪洵博士(Song Ang, PhD, 新加坡南洋理工大学)
——戴万林博士(Linn Van Dyne, PhD, 美国密歇根州立大学)

前　言

有一次，我在布拉格（Prague，捷克首都）给一群崭露头角的年轻领导人员讲课。经过几天的接触后，一个在捷克工作的美国同事问我："大卫，你觉得这些年轻人中，谁最有可能成为优秀的领导者？"

我不假思索地答道："噢，这个太容易了！肯定是万科夫（Vaclav）和布蓝卡（Branka）。你一看便知！""我就知道你会这样说！"他说，"他们如果是在美国，可能会是卓越的领导人才。但是，让他们在美国成功的领袖气质——个人魅力、饱含热情、富于幽默感、真诚率性——恰恰会是他们今后在这里发展的绊脚石。"他随后点出几个在捷克最有可能成功的年轻人，我觉得太不可思议了。我绝对不会挑出他说的那几个人。但是，几年以后，我再度造访那家企业时，他说的那几个人已经担任最高层领导职务了。

许多领导力和管理书籍都给我们一个这样的印象：领导才能是由一些放之四海而皆准的技巧和能力组成的。表面上看，似乎有些道理。但是,在文化日益多元化、经济日益全球化的当今世界,这样的说法实在站不住脚。全球化领导者往往没有时间来对每一个他(她)要接触的异域文化做到了如指掌。再说,许多过去总结不同文化差异的方法往往过于陈旧。比如说,我们可以说所有中国人都一样行事、所有印度人都按另一种方式行事吗?这样的观念显然不可取,在今天就更加不合时宜。同样的道理,简单地告诫领导者对不同文化要谨慎对待似乎也收效甚微。谨慎对待不同文化只是一个开始,而了解如何才能成为跨越国境的卓越领导者才是我们必须面对的挑战!

本书就是一本关于文化商如何成就未来领袖的书。文化商,或者 CQ™,是一个人在跨文化环境中应对自如的能力,包括跨越国界、种族、企业、出生年代和其他带来文化差异的各种情景。① 本书也为全球领导者提供了全新的思维模式。来自七十多个国家的学者、超过四万份研究成果是本书的基石,而文化商是所有人都可以通过学习和训练来提高的一种素质。因此,本书致力于提高你的文化商,从而获得一种在今天全球化市场上不可或缺的领导素质。本书不是教你记住在每个文化场景中该做什么、不该做什么,因为你需要面对的不同文化种类繁多,靠单纯记忆是不能应付的。相反,本书旨在帮你获得一种在任何文化场景中都能够游刃有余地激励员工、谈判以及实现企业目标的综合能力。

成书目的

我们撰写本书的目的是向你展示如何做一个具有高文化商的领导。根植于严谨的学术研究,本书将诠释成功的全球领导者所共同具备的文化商素质并教你通过"四维结构模式"来获取这些跨文化情景下的领导素质。没有一个人是完美的跨文化领导者,但如果你致力于提高书中介绍的四维素质,你将会不断提高自己在跨越国境、种族和不同企业文化环境中的适应能力和领导能力。

目前不难找到大量关于跨国管理和跨文化领导力方面的读物和理论模型,而我本人也深受这些著述的影响。但是,就是在这些书籍和著作广泛存在的今天,文化差异导致了70%的跨国业务以失败而告终。[②]一方面,简单地教授全球通用的企业领导原则显然不合时宜;而另一方面,不少关于跨文化领导力方面的著述又过于复杂化,大有"自锁象牙塔"之嫌。

《文化商引领未来》旨在为读者介绍一个建立在科学研究基础上的文化商四维结构,以引导企业领导、政界精英和非营利机构负责人员在各种跨文化环境中进行卓越的领导。

第二版

《文化商引领未来》的第一版问世以来,我有幸和世界各国各行各业的领袖们进行了许多关于文化商的讨论。来自不同背景的领袖们纷纷表示我书中引用的一些研究恰如其分地描述了他们多年思考和琢磨的命题,每每听到这些,我都倍感欣慰。同时,与这些领袖的对话也促使我思考许多需要在第二版中提高、增加和更正的内容点。与这些领袖的对话以及聆听他们的高见,再加上最近六年来关于文化商、跨国领导力方面的最新研究成果,最终成就了《文化商引领未来》的第二版。

第二版保存了第一版的核心部分:介绍文化商的四维结构以及如何通过提高文化商来提升领导力。但是,本版在每一章都加上了更新的内容以及我本人作为跨文化领导者的最新体会。2009年出版《文化商引领未来》第一版时的我和今天的我大不相同。我发现几乎每一页都需要加上更多实例、更新的研究成果并分享我有幸在第一版问世后接触的卓越领导者和企业的成功经验。我估计,六年后的我重新审视这一版时也会有同感。

研究基础

文化商四维结构模型有着严谨的实证研究基础。克里斯·厄尔利(Chris Earley)和洪询两位教授在其他"商"概念基础上首次提出了文化商概念。[③]洪教授随后又和戴万林博士一起设计了21项问答式CQ量表(CQS—Cultural Intelligence Scale)。[④]该量表经过不同文化背景大量学生和专业人士的反复测试,可以预测人们在跨文化工作生活的多方面表现,尤其是跨文化工作成绩和自我调节能力。自2003年以来,CQ吸引了世界范围内不同专业领域学者的关注,迄今有超过一百多家学术期刊发表了数量众多的相关研究。大多数研究数据集中在商业和教育领域,也有不少来自医疗、工程、法律、社会工作、科学、心理健康、政府和宗教领域。[⑤]

本书引用了包括我自己在内的大量学者的学术贡献。我早先的研究集中在短期旅行者的跨文化行为研究,研究对象包括短期游学学生、志愿者和经常出差的商业人士。我发现旅行者在与当地文化交流时存在许多问题而当时学术界给出的解决方案似乎要建议人们先学好当地语言、习俗和规矩后再走出国门。尽管我也想在旅行前掌握当地语言和各种文化知识,但这样是极其不现实的。和其他全球化职业经理人一样,我旅行次数多,但每次都不够深入。我刚和来自七个不同国家的人开完电话会议,下周又要出差到五个不同的国家开会、演讲。这还不包括每天都要经历不同组织文化、年代差异、不同主义和其他子文化差异。要知道,我的经历并不特殊。即使是那些不需要经常跳上飞机去海外出差的领导者,也必须管理不同文化背景的员工和项目,包括不同族裔文化、国内不同地区文化以及不同组织和社区内部的诸多子文化。

对于我们这样经常出短差的人来讲,按传统方法来训练跨文化管理和跨文化意识是不现实的。当然,我们也无法否认文化在我们管理工作中的重要性。

正当我颇感踌躇之际,经过一个共同朋友介绍,我和新加坡南洋理工大学的洪洵博士有幸谋面,并有一见如故的感觉。洪教授给我介绍了她的研究,随后又介绍她的同事,美国密歇根州立大学的戴万林博士。许多年以后,我们三个加上几十个其他学者共同推进着文化商方面严谨的学术研究走向更深、更广、更实用的天地。

如何阅读本书

将《文化商引领未来》看成是理解、提高你自己和他人文化商的指导书。文化商本身不是目的,而是你作为全球化领导者的指南针。没有人可以到达文化商之旅的终点,但是在提高文化商的过程中,我们会越来越好。许多有经验的领导者通过总结失败自然提高了文化商。虽然实际经验是无法替代的,本书介绍的文化商模型和研究结果却可以将许多领导者的部分经验传授给其他领导者。

第一章解释文化商对于全球化领导者的重要性。尽管许多领导者都意识到多元文化对领导工作的重要性,但大多数人认为跨文化领导能力是锦上添花的"软"能力,而不是必需的。我们将具体阐述为什么解读、适应不同文化的能力对领导工作的成败至关重要。第二章介绍文化商方面的研究,提供一些可供读者进一步学习的参考资源。第三章至第七章是本书的重点:文化商的四种能力以及如何应用提高每种能力。第八章介绍文化商的投资回报率,第九章分享如何带出一个高文化商团队方面的经验。

全球化领导力并不只是我的学术研究兴趣而已,在过去几十年里,我担任过各种领导工作,管理过来自不同大陆、文化背景各异的员工。在跨文化领导工作中,我也是成功与失败参半。本书通过许多真实的故事来向读者介绍跨文化领导的成功秘籍。

这是一个令人激动的世界!你和世界另一端的人可以免费通话,你的某个善良举措可以让15个时区以外的一些人生活变得更美好。我们必须学会在与自己的文化大相径庭的地方开展工作和管理员工。我们可以在曼谷吃(墨西哥)玉米片、在约翰内斯堡吃(日本)寿司、在奥马哈吃(中东)果仁蜜饼。我们可以将会计工作外包到班加罗尔或者温哥华。今天的发展让我们到世界去看看、去认识各地的风土人情的想法更加容易实现。当我们具备更高的文化商后,我们将会和世界各地的人们在相互尊重的基础上和谐共处、更好地实现个人和组织目标。本书希望为读者诸君进行全球之旅提供导引。我希望与各位同行!

大卫·利弗莫尔博士(David Livermore, PhD)

大急流城(Grand Rapids),密歇根

编译者序

自 2000 年 8 月负笈美国攻读博士以来,这是我第一次以编译的形式用母语向祖国读者介绍一个非纯学术性的概念。三年前和十八个 EMBA 学员共同经历的文化商(CQ)之旅让我第一次感受文化商魔力之后,我曾多次应用文化商模型指导自己更好地在美国接待来自世界各国的商界、学术界、政界领导者以及普通来美访问的亲朋好友。尤其在第一次和原著作者大卫·利弗莫尔以及他大女儿埃默里在好莱坞共进晚餐、近距离地感受高 CQ 带给我的震撼后,我确信把这个新概念介绍给日益开放、日益强大的祖国将会造就更多全球化领导者、更受欢迎的中国游客、更具风度的地球公民。这样的 CQ 思潮将会极大地提高中国的国际软实力,催生出更有全球化风范的中国新一代政界、商界、文化界、学术界领导者。下面请容许我分享我和 CQ 从相识到相知的经历,也许读者可以从中受益。

2000 年 8 月到美国的第一站是拜访当时任印第安拉一所私立大学副校长的韦伯博士以及和我十分投缘的他的夫人。他们特意安排我先到他们家访问，做好今后在美国学习的准备。欣然接受邀请后，我只是觉得能见到在北京结缘的这对慈祥夫妇当然很好，并没有觉得这次旅行还会帮助我学习如何在美国顺利读博。除了教我如何用美式洗衣机、烘干机等生活常识外，韦伯夫妇其实开启了我CQ的提升模式，只是我当时不知道CQ概念而已。第一天晚上，他们带我去了小镇上一家餐厅，其间韦伯校长的几个熟人、同事正好也在那家餐厅，陆续过来向我这个"稀客"打招呼。可能是出于礼貌，好几个美国朋友竟然纷纷夸赞我带着浓厚湖北口音的英语。出于中国式的礼貌以及我真心觉得自己的英语太烂，我马上说："您过奖！我的英语真的很差！"这几个美国朋友不干了，他们再次指出我如何发音准确、用词到位等等，当我第二次重申自己英语很烂后，韦伯夫人悄悄地在我耳边说了一句"接受吧！说谢谢就好了。"我照办后，几个如释重负的美国朋友自己去进餐了。我将目光投向韦伯夫人，她耐心地讲解了接受夸赞的正确礼仪，让我颇感尴尬。当天晚上，我从他们书架上找到一本美国文化方面的书开始读起来。现在想来，那是我CQ动力的启蒙。在他们家"预习"美国文化一个星期后，我踏上了求学之路。

  逐渐积累的美国文化知识（也就是本书中谈到的CQ知识）确实让我对美国生活更有信心了，并决定仔细研读《圣经》以便适应美国南部文化。但是，应了一句老话——"纸上得来终觉浅"。我在第一学期的博士研讨课时，就将当时学术界红极一时的教授狠狠地得罪了，而且在随后的几年里仍然为之付出了不小的代价。根据我读到的资料显示，美国人希望你直截了当，也欢迎批评。开学第三周，教授让我们读八篇晦涩的学术论文并写出综合评价，其中有三篇是他本人的得意之作。在字典的帮助下好不容易猜出了那些文章大意，我大胆地写下了一篇综合评论，题为"××教授理论之十大漏洞"，文章大有"移民美国的鲁迅先生"之风范。文章直截了当（我理解的美国文化）、言辞激烈。等我得意地交上文章之后，才知道上课遭遇的冷遇以及我平生第一个"C"可能都是拜我那篇檄文所赐。如果当时我知道CQ概念，大约不会犯那么大的错误。现在想来，我至少犯了两个CQ错误：首先，CQ知识到CQ行动必须经历CQ战略，而我简单地根据书本上的建议不假思索地应用到对教授理论的批评上。如果我能够多方求证、观察该教授对待其他批评的反应，并且将文章送给其他美国朋友看看，可能就不会犯下当时的无心之过。第二，本书中多次引用"文化冰山"的比喻，我当时可能忽视了最显而易见的冰山顶部的"普世"价值，每个人都有被尊重的"普世"需求，我的教授当然也不例外。所以，即使是美国人，他们也需要看到批评者对他们起码的尊重（忘了告诉诸君：我以为越不给他的理论留情面，就越会让他对我刮目相看），更何况是一个刚入学的博士生。最后，我没有及时审视自己犯的错误，而是简单地觉得都是教授不宽宏大量的错。直到我的论文老师在两年后感觉到我和这位教授之间有点不对劲后,教我如何弥补并从中斡旋,才得以让事情没有变得太糟糕。现在想来,除了我犯了 CQ 错误外,我的教授何尝不是在如何对待他的第一个中国留学生方面也犯了 CQ 错误。如果他不急于根据我的"檄文"就简单判断我的本意和能力,而是试着了解背后的原因,情况可能大不相同。

  有了上次被"误解"的个人体验后,我时刻提醒自己,尽量避免对学生们轻易下结论。这也是我为什么会接触 CQ 概念和大卫的《文化商引领未来》的原因。三年前我的一个同事在带领二十个 EMBA 学员到中国考察当地企业后,和我分享学生们如何一路表达不满,尤其是"吃太多中餐了"(Too much Chinese food!)。听后,我本能觉得这样的抱怨不是学员的错,可能是我们培养过程中忽略了对他们跨文化领导素质方面的教育。和院领导商量后,决定加设 12 个小时的行前准备课程。在选定阅读资料和书籍时,我被 CQ 概念和大卫的书深深地吸引了。我要找的阅读资料绝对不是"旅行/文化/礼仪指南"之类,因为 EMBA 学员的游学考察之旅可能和他未来全球化战略需要的目的地相去甚远;也不是那些不断佐证文化对企业管理、消费行为或者企业战略之影响的学术文献(我自己就发表过不少这类学术文章),因为 EMBA 学员读后还是不知道如何应用到自己和自己企业上。大卫的《文化商引领未来》完美地结合了两个极端对待文化差异的方法——要么简单告诉你该做什么、不该做什么,要么根本不告诉你如何做,就给你抽象的概念和理论。大卫用散文和手记的形式诠释了经过大量学术研究佐证过的 CQ 四维结构模型,让每个读者都可以从自身入手,不断提高每个维度和细分维度的能力,从而达到游刃有余地应对任何跨文化场景和领导工作。

　　三年前的一月份,我第一次选用大卫的书和我自己整理的其他案例给当时的 EMBA 学员做了 12 个小时的行前准备。令我十分欣慰的是,在接下来随他们访问北京时,我竟然没有听到一个人抱怨"吃了太多中餐"。相反,有几个学员还缠着我带他们去王府井夜市看看"油炸蚂蚱"长什么样,总有他们问不完的问题需要和中国的接待人员讨论。最值得骄傲的是,其中一个学员在和百度公司高管见面后的当晚,找到我帮他分析他当时提的问题按照中国文化是否过于唐突。当一个学员忘了某些得体的行为时,他们会互相提醒是否忘了 CQ(他们的整个旅行都把 CQ 当成口头禅了)。随后,我又将 CQ 介绍给本科生,作为他们去亚洲游学前的必修课。效果也是非常好。到现在,CQ 已经成为我们的 EMBA、MBA 和本科生国际游学前的必修课程,反响一直很好。

　　在收到意想不到的反馈后,我觉得 CQ 模型,尤其是大卫的普及性 CQ 书籍,实在应该让更多的人受益。正好大卫的大女儿埃默里当时有意考虑我的学校和南加州大学,就和他们有了在好莱坞的第一次共进晚餐。亲身见识一个高CQ的美国作者、学者和享誉全球的CQ演讲专家,更坚定了我把CQ概念和CQ模型介绍给中国读者的信心。大卫和我一拍即合,达成了将CQ带给中国的共识。本来是准备专门为中国读者合著一本书的,但由于大卫当时正忙于准备《文化商引领未来》的第二版,我自己的教授工作以及参与投资的商业项目也让我觉得分身乏术。就和北京大学出版社商量,先同步出版该书第二版的中文译本。

只是将一本并不是很学术的书翻译成中文应该不难,但是,我决定自己来翻译此书的第二版,从经济学角度看实在是得不偿失。首先,该书不属于我正常的学术贡献范畴,自然对于我在美国大学的教职工作没有多少"好处"。其次,我的全职工作以外的投资项目需要我频繁地国际旅行、需要大量的时间投入。由于出国前也曾翻译过多本英文著作、编著过专业书籍、来美国后也参与过英文专业书籍和词典的写作,我深知做好一本书背后的艰辛和忐忑。发表一篇学术文章,由于知道读者是圈内人,用词和写作都会更自如。出版一本书,尤其被《纽约时报》评为畅销书的《文化商引领未来》,则必须准备好如何让不同背景、不同行业和不同文化习惯的读者们有所裨益。今天终于可以将这本大卫的《文化商引领未来》第二版,用我自己的理解,加上多年穿梭于中美之间、游走于学术界和商界领袖之间的体会,本着忠于原文并传神于原意的态度,将此中文译本奉献给祖国的各界读者。希望本译著为日益国际化的中国开启一个以 CQ 概念和模型为基础的大国文化交流的新篇章。

北京大学出版社邹记东主任和他的团队、广州外贸外国语大学的董俊武教授为本书的顺利出版做了大量工作,在此表示衷心感谢!

王嗣俊博士(Sijun Wang, PhD)

市场营销学教授

美国罗耀拉大学

Leading with Cultural Intelligence

文化商引领未来

第一部
文化商与全球化领导者

第一章
文化的重要性：为什么需要文化商

全球化时代的领导者必须面对多元文化的挑战,这已是不争的事实:领导者需要在全球市场上竞争,管理背景各异的团队,面对瞬息万变的流行趋势。目前的跨文化领导力方面的书籍要么过于简化(比如说,"面带微笑、不要做这三件事,这样就没有问题了!"),要么过于复杂化(比如说,"一定要成为跨文化方面的专家,否则不要满世界跑!")。文化商(Cultural Intelligence,CQ)的概念给你提供更好的解决方案。本书介绍的四维结构法将助你在不同跨文化情景中游刃有余。

你实现个人和组织目标的过程中面临的最大挑战是什么？如何才能领导文化背景各异的团队？什么样的跨文化场景最让你头痛？应该如何指导一个来自挪威的同事完成公司交代的任务？又如何指导来自美国的同事？如何让一个来自不同文化背景的

团队成员圆满完成工作任务？应该如何向一个在"面子很重要、不当别人面说不好听的话"的文化背景中长大的同事征求意见？还有，你准备好了在瞬息万变的全球化时代应对随时可能出现的跨文化场景了吗？提高你的文化商（CQ）是回答所有问题的关键！

我对文化有一种与生俱来的迷恋。早在我还是一个在纽约长大的加拿大裔小孩开始，跨越国境线后看到的种种见闻屡屡令我百思不得其解。我对那些花花绿绿的钞票、对同样东西的不同称呼（说法）和过了海关后吃到的各种不同食物充满了好奇。长大以后，我从各种跨文化的工作和生活经历中学到的关于领导力、全球化问题和信仰等方面的智慧比我学过的、教过的研究生课程加起来还要多。我曾经因为事后才发觉我由于"过多"赞誉一群其他族裔的同事而得罪了他们而心生畏惧。但是，现在我发现自己很感恩多年来和这些文化背景不同的同事们结下的友谊，因为这样的友谊使我变成了一个更好的领导、教授、父亲、朋友和公民。通过结缘文化商概念，我欣喜地发现了如何从跨越国界的工作中找到意义并胜任这些工作的捷径。

文化商，或者 CQ，是一个人在跨文化环境中应对自如的能力，包括跨越国界、种族、企业、出生年代和其他带来文化差异的各种场景。[①]几乎每个人都可以通过学习来提高自己的文化商。通过提高文化商，领导人员可以具备各种综合能力和视野来应对林林总总的跨文化情景。文化商的概念包括全球化时代的领导

第一章
文化的重要性:为什么需要文化商

人才所必须具备的四种能力。本书为你讲述如何获取这些能力、应用这些能力而成为一名卓越的领导者。想想你目前正在开展的跨文化项目或正在面对的跨文化场景,再对照下面的文化商概念中的四个维度:

1. 文化商动力:促使你开展该项目在文化方面的动力有哪些?

2. 文化商知识:哪些文化方面的差异最有可能影响该项目?

3. 文化商战略:根据这些文化差异,你计划如何应对?

4. 文化商行动:你需要在哪些方面调整自己的行事风格以确保该项目的成功?

如果你对上面的某些问题没有答案,读完这本书,你就会有答案了。在详细描述文化商概念以及如何提供文化商之前,我们先探讨文化商与领导能力的关联性。

从西密歇根到西非

我做梦都没有想到有一天,我会飞到一个叫蒙罗维亚(Monrovia)的城市——西非沿海小国利比里亚首都。因为我从前就职的美国大学在当地有合作伙伴,蒙罗维亚此后成了我经常出差的目的地。我也曾在欧洲、亚洲、拉美地区工作过,我对那些地方显然要比对西非熟悉得多。可是,这个扁平的、全球化的世界却又让你即使在一个全然陌生的地方也会感到莫名其妙的熟悉。我住的酒店有无线上网、健怡可乐,还可以用美元买东西,这些都让我对蒙罗维亚感到并不是十分陌生。即便如此,我在利比里亚的工作还是需要我做出大量的调整。

想想我们在这个快速变化的全球化世界里工作、生活,每每遇到来自世界各地的人、到访不同的地方、面对变化万千的世界,是不是会发出和经济学家托马斯·弗里德曼(Thomas Friedman)同样的感慨:世界真的是平的!这个扁平化的世界也正在迫使工业化国家和新兴国家在同一片战场上竞争。②

我第一次去西非的前一天是这样度过的:我先是给来自迪拜、上海、法兰克福、约翰内斯堡的同事回了电子邮件,和香港、吉隆坡的客户通完电话,我和妻子接着到我们最喜欢的印度餐厅吃午饭,在回家的路上捎带买些日常用品并和店里来自苏丹的难民雇员闲聊了几句。在等孩子们从学校庆祝墨西哥五月节(Cinco de Mayo)活动回来前,我和我的信用卡公司联系,结果对方是远在新德里的接线员。即便我生活在密歇根州的大急流城这个小城里,跨文化的场景却是如影随形。

可能有的人会觉得在这个扁平的世界旅行应该比先前容易

第一章
文化的重要性：为什么需要文化商

许多。其实，从我居住的大急流城到西非的蒙罗维亚还是需要仔细计划，整个过程可以搞得你身心俱疲。我的所有工作和旅行计划必须参照布鲁塞尔航空——这家唯一的开辟了飞蒙罗维亚线路的西方航空公司每周三趟航班的时刻表。即便如此，我还是可以前一天和家人共尽早餐，而在24个小时后沿西非的大西洋海岸跑步。从这个意义上讲，似乎世界真的变平了！

从布鲁塞尔到蒙罗维亚的航班上，我的邻座是一个22岁来自亚特兰大的利比里亚小伙。从我们的简短交谈中，我可以感受到他对于回到利比里亚老家的激动之情，这可是他十年前在父母帮助下逃离战火中的利比里亚后的第一次归来。

从飞机上走下来，我看到一架联合国的飞机就停在我们飞机的对面。8小时前我还在布鲁塞尔的街上买华夫饼，而现在已经在蒙罗维亚的边境稽查处了。看来，在不同时区内旅行也没有想象中那么糟糕。

最后，我在行李提取处重新看到我在飞机上的邻座——提拇（Tim）。一个看上去似乎超过了一百岁的工作人员帮提拇搬运行李。老者问提拇，"小伙子，你来这儿待多久？"提拇答道，"就两个星期！我多么希望能待长一点。"这个年老工作人员大声地笑起来，问道："小伙子，为啥呀？！你要知道你是来自美国的！"提拇回道："我知道，但是在美国的生活真的很难。我真希望能在这里待久一点，这儿的生活好多了。"老者笑得更大声了，他拍着提拇的背,说道:"我连续工作了37个小时,而他们至少6个星期没有给我发工钱了。我又不能辞职,许多人连工作都没有。你再看看你:你又胖又健康,显然你吃得很好。而且,你生活在美国!"提拇只顾摇着头,说道,"你不懂!你真的不懂!没事,先把包给我吧。"我看到提拇厚实的肩膀弥漫着浓浓的倦意。

  我可以理解为什么这位老者觉得一个22岁的美国年轻人能够负担2个星期漂洋过海的假期,反而会觉得生活很艰辛的事情非常好笑。同样,我也可以想象一个生活在亚特兰大的利比里亚年轻人所需要经历的艰辛。有多少人看到他经过就会马上锁上汽车门?他需要跨越多少障碍才能找到他在健身中心的工作?尤其是当我想到提拇刚和我分享他如何感受到来自家人、朋友的期望所带来的压力。对于那些没能逃离战火的亲人和朋友,提拇起码需要经常给他们寄钱。旅行中对于诸如此类场景的观察和思考可以帮助我们在跨文化环境中谈判和实现战略目标。

  从机场走出来,一个从头到脚都穿成鲜艳橘色的女士卖给我5美元的SIM卡。我用这个卡给家里发了短信报平安。在走出机场、发短信、找出租车的过程中,我差点绊倒了一个当街小便的妇女,看见沿街卖水的小孩,还有那些与我同龄的利比里亚男人,而他们已经到了按当地统计数据计算的生命最后阶段。可以用我的智能手机给家里发短信让我有种熟悉感,但看到这些和我自己孩子同龄的孩子们沿街卖水又使我顿感陌生起来。

第一章
文化的重要性:为什么需要文化商

好好睡了一晚后,第二天我沿着宾馆边上的泥路晨跑时,遇到不少孩子头上顶着盛满井水的罐子。宾馆宽大的餐厅里,客人们享受着两个煎蛋、一只热狗、一片白面包和一杯速溶咖啡的早餐。今天早上的早餐桌上,有来自印度和瑞典的联合国顾问、一位美国经济学家、一些北美的商人和一位英国的医生。

我开始和坐在我旁边的美国女商人聊天,她为一家卖婴儿食品的美国公司工作。她告诉我这是她过去两年来第五次来利比里亚。第一次来利比里亚后,她说服她的公司相信婴儿食品大有市场,尤其是针对那些逃避长达十五年内战而侨居国外的利比里亚人市场。这些利比里亚人在海外见识了婴儿食品的营养价值和便利性,他们会说服其他人也买。根据对利比里亚饮食习惯的市场调研结果,她的公司选择了几款合适的婴儿食品,并用集装箱送了过来。但是公司采用了和美国一样的包装:一个可爱婴儿的头像。公司动用了包括免费发送产品在内的多种推销手段,但是很少有人接受免费的赠品,更没有几个人买这些产品,即使产品的定价已经非常低了。她的公司产品销量持续惨淡,直到有一天公司突然意识到非洲杂货铺往往用瓶子或罐子里面的"内容"(食品)做标签。可想而知,用婴儿头像作标签的婴儿食品当然不好卖!

在一旁听完女商人的故事,坐在我们对面的一位白发苍苍的英国医生也加入了我们的谈话并分享了他的故事。他告诉我们,

9　他六个月前从伦敦寄送的几木箱的医药用品至今未到利比里亚。在过去的几个月里，他从伦敦打电话、发电邮到蒙罗维亚的船务公司询问药品的下落，始终被告知"还没有到"。他来到利比里亚后，几乎每天都去码头打听药品的情况，每次他都会得到这样的回答："明天来，明天一定会到的！"但是，那些药品还是没有到。他有时在想，可能这些药品永远不会到的。可是，他本来就不长的利比里亚之行由于没有那些药品估计将会无功而返。

　　我接下来分享了自己的一些跨文化的无厘头故事，我们几个对发生在过去的事情一笑而过。但是，在事情发生的当口，我们每个人经历的挫败感和承担的财务损失可能一点也不好笑。我们在早餐桌上的交谈让我想起一个全球化的领导者所需要面对的诸多挑战。而几分钟之后，这种挑战真实地降临到我头上了。我此行的主要目的是决定是否将一所利比里亚的大学——麦迪生(Madison)学院纳入我们在建的多方合作体系。我们在利比里亚的主要联系人是摩西，一个战后教育体系重建的关键人物。摩西是他父亲85个孩子中的长子，为父亲第一任妻子所生。在父亲去世后，他在家中地位最高。他长得敦实、颇有部落酋长的风范。他多次告诫我们不要和麦迪生学院合作，因为他对该校校长琼斯博士的品行颇有微词。今天早上，我和摩西一起将和利比里亚另外一个重要领导哈瑞斯博士会谈。这位哈瑞斯博士和琼斯博士以及麦迪生学院有许多接触。身材高大、长相英俊的哈瑞斯

第一章
文化的重要性：为什么需要文化商

博士此刻身着海军蓝西装，端坐在办公桌后面。

出于我本能的直来直去的交谈风格，当哈瑞斯博士和我们寒暄之后提到他曾经在麦迪生学院任过教，我马上抓住机会，和他进行了下面的对话：

大卫：你觉得在麦迪生学院任教怎么样？这个学校不错？

哈瑞斯博士：噢，我非常喜欢在那里教书。学生们都非常爱学习……

大卫：琼斯博士呢？他的领导能力如何？

注意我虽然比较直接，但是还是使用了开放式的提问方式，这个方法在美国效果一般都不错。

哈瑞斯博士：麦迪生学院是个很棒的大学。琼斯博士在那工作很久了，内战之前就在那。

我发现我的开放式提问收获不大，由于和哈瑞斯博士的会谈时间有限，我迫切需要他对琼斯博士的真实评价，所以，我开始了如下对话：

大卫：对不起，我接下来的问题可能有些冒犯。我听到了一些对琼斯博士以及他的领导能力不利的传言。我倒不需要你告诉我不必要的细节，但是我们正在考虑和琼斯博士以及麦迪生学院建立合作关系，我的大学还会大量投资。你是否可以谈谈对这些传言的看法?

哈瑞斯博士：你们和麦迪生学院合作对学生是个特别好的事情！我们的学校什么也没有了，战争毁掉了一切。合作太好了，欢迎你们来投资！

我倒不是完全没有听出弦外之音。我知道他好像在敷衍我，于是又试了一遍：

大卫：是的，这正是我此行的目的。但是，我希望您能告诉我一些关于琼斯博士的具体看法。您可以为他作为我们的重要合作伙伴背书吗？

哈瑞斯博士：那个学校能在内战中幸免于难真是一个奇迹。不过，他们也中断过一阵。叛军曾占领了整个蒙罗维亚。但他们学校是最早恢复秩序的学校之一，那里的同事很了不起！

大卫：你对琼斯博士的领导能力如何评价？

哈瑞斯博士：琼斯博士的工作很有成绩。我们是多年好友，而且从小学开始就是同学。你们和麦迪生学院合作是件好事，我可以给你引荐他。

会谈结束后，我马上对摩西进行了一番安抚："摩西，希望你不要误会，我不是不信任你对琼斯博士的担心。我只是想听听哈瑞斯博士的意见，并不是不尊重你的保留意见。"

第一章
文化的重要性：为什么需要文化商

幸运的是，摩西知道如何和我这样一个直来直去的美国人打交道。他回答道：

> 大卫，你还没有看出来？他当然不能坦言他对琼斯博士的担心。你压根就不应该当着我的面问那些问题！他绝对不会当着一个利比里亚弟兄的面跟一个陌生的美国人说另一个利比里亚人的坏话。他们一起长大的！你能指望他说什么？

我回应道：

> 事实真相！他又不用给我具体细节。如果他觉得其他人对琼斯博士的指责有失公允，他至少应该劝我不要急于下结论吧。如果有人问我的发小是否曾经盗用公款，我一定会实话实说！

摩西随后给我解释说，如果是和我单独交谈，哈瑞斯博士可能会对我开诚布公。他说："如果哈瑞斯博士当着我的面对他小时候的朋友横加指责，我和他都会觉得脸上无光。而且，他还在那里教过书，如果说琼斯博士的坏话，他自己也会觉得蒙羞。你压根就不应该当着我的面问他！绝对不应该！"

我还真不是对这里的文化和人际交往一无所知的那种人。但是，我急切地想获取我所需要的重要信息。如果是和我文化背景相同的人在一起，我一般都知道如何处理这样的矛盾。但是，我游刃有余的人际交往技巧和说服人的那一套好像在这里不管用了。这时候就需要文化商的帮助：它将帮助我们有效地和不同文化背景的人沟通并且出色完成各项工作。下面我将分享我是如何应用文化商来解决眼下的这个困境的。

文化与领导力

看来世界没有我们想象的那样扁平化。试想想，我刚分享的个人经历中提到的利比里亚和世界上许多地方的风俗习惯其实是比较接近的。世界上大多数地方和利比里亚一样是集体主义者、等级分明、讲面子而不是直来直去（这些我们在第五章会详细介绍）。我们频繁穿梭于对比鲜明的文化之间就如同我们从一个网页跳到另一个网页。正因为我们在24小时内频繁地接触不同文化，我们往往低估不同文化之间的深度差异，无论这种差异存在于大急流城和蒙罗维亚两个城市之间，法国与德国两个国家之间，还是星巴克和壳牌两个公司之间。弗里德曼的"世界扁平说"用来描述新兴经济体所带来的越来越多的竞争与机遇是非常恰当的，但是，千万不能根据这个"扁平说"就以为我们可以"任性"地我行我素。

第一章
文化的重要性：为什么需要文化商

> 根据对68个国家大量企业高管的访谈调查，90%的受访者认为跨文化领导力是21世纪最大的管理挑战。③今天，大多数领导者每天至少面对几十个跨文化场景，希望他们掌握每种文化的价值体系和风俗习惯是不现实的。但是，要做好领导，他们确实需要在管理策略和管理方法上适时调整。大多数企业高管认为文化商在处理以下问题时尤为重要：
> - 多样化市场
> - 跨文化员工队伍
> - 吸引、留住顶尖人才
> - 利润与成本节约

事实上，来自68个国家的企业高管中90%的人指出跨文化领导能力是21世纪面临的最大挑战。④过去，只有国家领导人和大型跨国公司（IBM、三棱重工）才会把跨国旅行和跨文化交流作为最大的工作挑战。今天，几乎每个领导都必须面对跨文化交流。对有些人来说，跨文化交流意味着拿着护照去一个充斥着新奇食物、讲着不同语言的全新世界去旅行。而对另外一些人，跨文化交流意味着收到来自不同国家的电子邮件、坐在对面办公室的同事或是早上6点刚召开的全球电话会议。

拥有在自己领域的专长和自然的领导能力当然很重要，但是,这些可能不够让传统的领导们充分利用全球化时代的优势。医院领导需要学会管理每天都要面对无数不同文化背景患者的医务人员。军队的领导需要向18岁的士兵们下命令而且这样的军事行动弄不好就会被BBC或CNN当作国际事件曝光。而且,企业高管们也必须面对如何招募、领导能将产品和服务卖到新兴市场的人才所带来的压力。

没有文化商作为基础的领导工作往往带来如下后果:任务时间延长、旅行时间和成本攀升、组织人员挫败和混乱感增加、工作成绩不佳、收益下降、国内外劳资关系恶化以及大量机会损失。⑤而文化商指导下的领导工作则会带来如下难得的机遇:

多样化市场

大多数企业都不可能瞄准一个目标客户群就可以万事大吉。相反,许多企业都必须服务于多个不同品味、行为特征和消费习惯的群体,而这些群体不仅各不相同,还往往相互冲突。一罐用胡萝卜泥做标签的婴儿食品可能在美国滞销,而同样的标签会让该产品在利比里亚热卖。将自己的企业描绘成"久经考验的中西部公司"或者"三代连续经营的中国家族企业"可能会给自己赢得一个消费者的信任,但吓跑另外一个消费者。

在未来的三到五年内,美国企业的海外市场营业额所占份额平均将增加30%到50%。⑥可口可乐公司在日本的销量超过在美

第一章
文化的重要性:为什么需要文化商

国本土的销量。截至 2003 年,56%的美国连锁企业有海外业务。像唐恩都乐(Dunkin's Donuts)和肯德基(KFC)这样的公司在海外的业务比他们在美国的更为出色。⑦来自新兴市场的需求是当今全球企业的发展重心。中国和印度的购买力正在以惊人的速度增长。《经济学家》的 CEO 简报称,"年收入超过 5000 美元的中国家庭在未来五年内将翻倍,而在印度将增加三倍。"⑧未来十年将有超过 10 亿人加入中产阶级行列。

2012 年,《经济学家》的信息处针对数百位世界各地的跨国公司 CEO 展开了一次调研。结果发现,CEO 们第一次在经济衰退时计划扩展国际业务,而不是缩减,因为他们知道最大的发展机会不是在自己的国内市场而是在海外市场。⑨70% 的脸书(Facebook)用户来自北美以外的地区,而且脸书领导层认为这个比例还会增加。在过去的十年里,通用电气(GE)来自新兴市场的贡献增长了 20%,他们估计在未来十年,该比例将增加到 60%。总部设在我居住的小城的安利公司有超过 90% 的收入来自新兴市场。所以,即使成千上万的安利职工从未因为公司业务离开过密歇根,他们却是每天和世界另外一端的同事、客户和各种业务问题打交道。中国公司全球化的进程也是前所未有地在加快,而且该趋势还会继续。中国的个人电脑巨头联想正在全球收购企业,从巴西的电子设备公司(CCE)到德国的电脑零售公司(Medion),还有和日本电器公司(NEC)的合资企业。南非往往以历史悠久的矿产业出名,过去的十年里,南非的其他行业也是以井喷的速度扩张自己的国际业务,包括电信、零售和酿酒行业的南非电信公司(MTN)、伍尔沃思公司(Woolworths)和南非米勒公司(SABMiller)。

来自中国、南非、德国、美国、日本和其他一些国家的企业认识到最大的机会来自自己不熟悉的文化所带来的市场。确实不存在一个所谓的全球统一的市场,今天的企业和领导者必须同时学会本地化和全球化,或者叫"全球在地化"(Glocal)。

文化多元化的员工队伍

管理国内外分散的、多样化的员工队伍是全球领导者必须面对的另一个挑战。促进员工间良好沟通和信任是领导者最重要的两个任务,如何在文化多元化的团队中完成这两项任务则更具有挑战性。人力资源政策、激励机制和业绩评估等都需要根据团队成员所代表的文化群进行调整。另外,合理利用全球劳动力还意味着外包到印度或是在中国制造产品,也有可能印度公司再外包给菲律宾公司。了解如何控制成本、收益和合理预期等等都会使得商业机会和复杂问题并存。

全球领导与组织行为有效性(GLOBE)研究是迄今为止最全面的研究。GLOBE的研究者们对62个国家的领导者和追随者进行了深入研究,发现了一系列领导行为的文化差异和共性。"清晰(正大光明)"是所有追随者希望领导者具备的素质,而"不

第一章
文化的重要性:为什么需要文化商

道德"是大家都不愿意看到的领导者素质。但是,如何定义"清晰"和"不道德"却有很大差异。一些领导者认为挪用公款不道德,而另一些领导者则认为向一个外国人出卖一个朋友更不道德。GLOBE研究列出了一长串反映追随者对领导者的期望差异化的清单。例如,德国领导者和企业认为管理人员应该采用参与式领导方法(即让其他人参与决策)。但是,同样的领导风格在沙特被视为弱点。沙特人认为权威式领导风格体现了清晰和强势,所以更有效。⑩

许多领导风格方面的差异是整个文化价值差异的反映。本书后面的章节会详细讨论。在今天文化多元化的世界里,你经常需要管理来自不同背景的团队成员,可能同时需要面对德国和沙特的员工。这样的文化差异让许多团队举步维艰。但是,基于文化商的多元文化团队却能给企业带来诸多好处。多元化团队会带来了解不同市场的人才,绕着时钟不间断运转的队伍,如果管理得好,还会带来更多的创新。事实上,如果能证明多元化团队在创新方面更出色,那么对于推广文化多元化更有利。但是,多元化并不能保证创新。一项研究团队成员的多样化对于成员是否畅所欲言的影响后,发现当CQ水平较低时,同质团队在鼓励畅所欲言和创新观念方面比多元化团队更出色。但是,当CQ水平较高时,多元化团队则比同质团队更出色。出色的多元化团队往往都是在统一队员的期望值、减少摩擦、鼓励多元化模式思维等方面表现突出,因此也能找到更好的解决方案。⑪

18　你可能无法让所有团队成员由于人格特征和文化等方面的差异所带来的偏好和要求——得到满足。但是，文化商可以让你更好地利用队员之间的差异来建立信任、找到目标客户并最终完成团队任务。本书后面的章节会详细讨论如何制定高于差异的共同标准并通过 CQ 来指导依据自己国家不同同事或者成员的具体情况来调整和改善自己的领导风格。

吸引、留住顶尖人才

文化商还可以帮助全球化领导者更好地吸引、培养和留住顶尖人才。新兴经济体的年轻一代领导者越来越多地开始寻找高文化商的国际人才。渣打银行 CEO 凯瑟琳·曾（Katherine Tsang）为了吸引并留住年轻有为的国际化人才，推出了她称之为"人才高速路"的举措。她给管理团队的口号是"到地方上去"（Go Places!）。这句口号一语双关，既指管理者需要建立一个全球团队的网络，又指不断经营自己的全球化领导能力。曾认为，人才的竞争是她的公司需要提高文化商最紧迫的原因之一。[12]

文化商对于外派到海外的员工尤其重要。16% 到 40% 的外派高管都在任期届满前提前回国。而 99% 的高管提前结束任期的原因都是文化问题，而不是工作能力。每次失败的外派任务导致的损失估计在 25 万美元到 125 万美元之间，包括外派产生的安置费用、交接时间以及多如牛毛的直接和间接成本。[13]

第一章
文化的重要性:为什么需要文化商

文化商对于不需要长期外派海外的员工也是非常必要的。越来越多的员工需要短期到海外出差,和不同文化的同事和客户一起工作,或者在家里和国际客户一起工作。实施文化商的企业更能吸引并留住能完成此类工作的员工。⑭

利润和成本节约

宝洁公司的技术总监布鲁斯·布朗(Bruce Brown)谈到公司如何在20世纪90年代推行无差异化战略、将产品一成不变地推向全球的惨痛教训。当时,作为竞争对手的日本尤妮佳(Unicharm)公司则根据日本消费者需要设计出更新颖的产品,在日本市场上打败了推行全球统一的宝洁公司。布朗说:"这次惨痛教训让我们明白了让消费者高兴的重要性。消费者是老板,不是你的全球化项目或制造设备。我领悟到在坚持自己的同时让当地消费者兴奋的真谛。"⑮

现在的宝洁公司CEO,A.G.拉菲特别强调研究当地消费者的口味和兴趣。拉菲坚持除非有两件事情安排好后他才会代表宝洁公司到访一个地方:到一个消费者家里访问和到一家店里巡视。他最近一次到伊斯坦布尔访问时去一个土耳其妇女家看她如何洗碗、洗衣服并和她交谈了90分钟,接着去了一家当地的商店看宝洁的产品在货架上如何排放,竞争对手的产品如何排放。到当地人家里访问对拉菲来说非常重要。坚持亲自考察市场反映了他致力于了解消费者的决心,并向其他高管们发出一个信号:如果一个800亿美元市值的公司的CEO可以花几个小时到伊斯坦布尔的人家访问,你或许也应该效仿。[16]

具有文化商的领导者在新的市场上销售产品时能提高利润、降低成本并提高效率。具有高文化商的外派高管能更快完成外派任务,从而更好地让昂贵的海外派遣费用得到回报。文化商还可以从其他方面提高企业利润。例如,我们很少在一周之内看不到某个企业或者公众人物错误对待文化问题而招致口诛笔伐的新闻。这类新闻显然会给企业以及企业产品和服务的口碑带来麻烦。而能正确处理文化问题的领导者则可以让人对自己的企业更信任,更能体现自己企业的文化价值取向。

重视文化商可以带来竞争优势、更多的利润和更好的全球拓展。但是,我们中的大多数人还希望文化商能指导我们用更尊重、更人性化的方式和工作中遇到的人相处。文化商可以让我们对不同于我们的人更具善意。渴望并努力让他人感到被尊重并不会自动地转化为合适的行动。大多数人和大多数文化都会推崇言行要文明,但是文明的定义却是千差万别。为了让别人觉得被尊重、有尊严,我们的许多行为都需要调整,而这样的调整需要文化商来指导。能够有效地和其他文化相处、工作是我们生存的基础。而具有文化商的全球领导者不仅能生存,还会在21世纪生活得更精彩。

第一章
文化的重要性：为什么需要文化商

全球化领导迷思

文化至关重要！它不只是锦上添花，而是今天全球化领导的必修课。各行各业的企业都喧嚷着要找优异的全球化领导者。具有高文化商的领导者在市场上非常受欢迎。但是在全球化领导领域往往谈论更多的是一些迷思和道听途说，而不是实证基础。许多顶级的MBA项目向学生和雇主标榜他们的培养方案如何重视全球化领导能力，但是往往缺乏测量、培养学生全球化领导能力的实际行动。许多企业在考虑负责某个新国际项目的人选时往往只重视技术特长。在和其他人讨论全球化领导以及阅读有关书刊时，我发现下面几点迷思非常常见：

迷思一：领导能力基于第六感官

许多企业高管都有一个传统观念：领导能力是基于第六感官的，你要么有要么没有。坦白地说，确实有些研究也发现一些老练的领导者更多地依靠直觉而不是数据或者详细的分析来做出英明的决策。可是，这些直觉是他们多年经验无意识地"植入"他们的决策风格所致。这样的无意识"植入"往往具有文化局限性，在一个不熟悉的文化环境中做出快速决策时就会失效。这就是为什么一些在自己文化非常出色的领导者到另外一个文化会遭遇惨败。文化环境变化后"第六感"的领导方法必须重新培养、重新塑造。

迷思二：世界是平的

我在前面已经表达了对弗里德曼"扁平说"的赞同：全球经济的竞争确实已经无国界了。⑰一个菲律宾新创小企业可以和庞然大物的跨国公司直接竞争，所有领导者最好对此有充分的认识。但是，我常常看到人们把弗里德曼的"扁平说"滥用到不应该的地步。不少人问我："全球职业文化不是正在形成吗？人们之间的相同点不是已经大于不同点了吗？"

当人们观察迪拜、悉尼和伦敦的旅行者时，确实会觉得他们真的很像。如果你体验不同文化的途径是住在专门为国际旅行者准备的酒店和公司办公室，就会很容易忽略文化的差异。但是，当你透过这些表象，你就会发现巨大的差异事实上是存在的。如果你觉得可以用同样的方法到任何地方去做领导者，无异于驼鸟把头埋进沙子里。文化不能解释所有的问题，但却能指导我们有效谈判、建立信任、促进创新和鼓励团队朝着共同目标奋斗。

迷思三：没有追随者的领导不是好领导

一个追随者都没有的领导可能不是个好领导。或者，他或她

第一章
文化的重要性:为什么需要文化商

可能错判形势想当领导却又当不成。领导工作不只需要领导者具备良好的价值观和风格。GLOBE 研究发现,不同的追随者对领导者的要求是不一样的。追随者的文化价值观和偏好直接影响什么样的人最适合做他们的领导。一些追随者希望他们的领导者像比尔·克林顿那样富有感召力和个人魅力。而另外的追随者希望他们的领导者像安琪拉·麦克尔那样谦虚、不夸夸其谈、干实事。这就是隐含领导理论的核心:你能否有效领导不仅取决于你自己的领导能力,还反映了被领导者对于领导者的期望。文化是人们形成自己期望和要求的重要因素之一,因此,领导者在接受一个新的领导角色或者派人去担任领导角色时,最好认真考虑文化商的因素。[18]

迷思四:矩阵结构更适合领导跨文化团队

许多公司都从总部为中心的领导结构转变为矩阵结构。报告关系有多个方向,多个团队同时存在,决策过程更民主。但是,世界上绝大多数人更偏好等级制的领导结构:权力关系明确、上级给下级清楚而具体的指导方向。矩阵结构在国际市场具有很大的成长空间,但是它需要更高程度的文化商作为基础方能成功。

我和谷歌的领导团队讨论过这个问题。谷歌具有极其鲜明的企业文化,在招聘新员工时的一个明确的标准是从候选者身上看到谷歌的 DNA。但是,为了了解候选者的兴趣、成就和创新观点等而选用的问题和考察机制往往深受候选者文化背景的影响。能否为谷歌这样的矩阵领导结构找到合适的人选则需要招聘者具有更高的文化商。

全球化领导本身不是迷。有效开展跨文化领导是可能的!我们在过去几十年研究文化商可以证实这一点。越来越多的证据显示领导者的文化商可以带来重要的领导结果(本书第三部分会详细介绍)。跨文化领导的能力是可以被测量的,也是可以提高的。但这一切都需要从更深思熟虑、更仔细地洞察环境开始。

24　总结

我此刻正在机场候机。恍惚之间,我忘了自己身处何处。而一切熟悉的环境更是与我无关。美体小铺(Body Shop)就在对面,博柏利(Burberry)在我左边,星巴克(Starbucks)在我右边,免税店就在不远处。坐在我旁边的人正全神贯注地在手机上打字。在机场看到熟悉的图腾(商标),无论是在悉尼、圣保罗、伦敦、香港、奥兰多还是在约翰内斯堡,我们可能觉得世界真的变平了。

第一章
文化的重要性：为什么需要文化商

从某种意义上讲，也对。你可以在62个国家享用一杯小号、脱脂、香草口味、无泡的星巴克拿铁浓缩咖啡。而且更多的地方竞争者还仿制出了无数同类饮品。但是，千万别以为可以用同样的方法谈判、开同样的玩笑或者用同样的方法激励员工。

21世纪的领导者注定要在多维度的世界里历经波折。全球化领导所面临的挑战可能令人目眩，仅凭经验和直觉显然是不够的。文化商不仅让我们在全球化领导工作中得心应手，还会让整个过程充满热情并体会到成就感。请你加入整个文化商概念指导下的新一代领导集体，更好地把握跨文化领导工作所带来的各种机遇。

第二章
什么是文化商

一位在《财富》100强公司任职的副总裁在新加坡和亚洲高管开会时,不断强调他多么爱亚洲。他说道:"我一年在亚洲工作时间超过200天……我喜欢这里的美食。未来的世界是亚洲的!我会争取多来这里!"

这群亚洲高管显然很欣赏他对自己所在区域所表现出的热情。但是,在接下来的提问时间,真正的问题出现了。一个听众问道:"鉴于你对亚洲地区的高度重视,你在企业战略规划方面都做了哪些变化?"这位副总裁显然没有准备好如何回答这个问题,他不知所云地说了些如何进一步调研来决定的搪塞之词。另一个听众问及目前公司董事会是否有亚裔成员时,这位副总裁答道:"哦,我们在美国有季度例会,显然让一个董事如此频繁地飞去美国是不太现实的。"接下来,针对他在领导亚洲同事所面临

第二章
什么是文化商

的挑战时,他也没有提出实质性的内容。

这位北美副总裁绝对能说会道,性格也很招人喜欢,领导履历也非常丰富,具有极佳的领袖魅力。但是,他的热情和领袖魅力并没有打动他的亚洲听众。在面对具体问题时,他显然遭遇了"盲区"。

两个履历相似的高管是否能同样有效地在跨国界环境下开展工作?不一定!这就是CQ有关研究的重要贡献之一。CQ不是因为一个人在哪工作过、学习过或者生活过就能自然产生的能力。CQ具有个体差异——有些人很高、有些人很低。但是,每个人都可以不断提高自己的CQ。

什么原因能让一个人具有较高的CQ呢?在伦敦或新加坡长大的人比在爱荷华州府的德梅因或者在中国边远农村长大的人文化商更高?千禧代比婴儿潮的文化商更高?学校教育或者国际经验在文化商中能起多大作用?所有这些都可以说和CQ相关,但又不是互为因果的关系。①我接触过不少商界、政界领袖在国外生活工作很多年,依然不能走出他们自己的文化视野。我也见过一些领导人才,虽然他们的国际经历很少,他们照样能在不同文化场景中游刃有余并且能保持自己的文化特色。所以,到底是什么导致了CQ的个体差异呢?什么样的能力、技能可以始终让一个人出色完成各种跨文化领导工作?

什么人的 CQ 高

在文化多元化、全球化的当今世界,是什么因素导致一些组织和个人比其他组织和个人更成功?这个问题是过去几十年来自七十多个国家的研究者共同关心的话题。我们试图超越过去人们常常提到的文化敏感性、文化意识等概念,去寻找让一些人无论在何种文化背景都能成功实现自己目标并尊重其他文化的个性特征。意识到文化差异仅仅是一个良好的开始,但不是全部。一个 CQ 高的领导能够在任何文化背景下有效地管理员工、成功完成项目。

基于从全球主要地区超过四万人的抽样调查,我们的研究发现高 CQ 的人普遍具有四个方面的能力。这些能力的提炼基于已往"商"方面的学术研究,包括智商(Academic Intelligence, IQ)、情商(Emotional Intelligence, EQ)、社交商(Social Intelligence, SQ)、实用商(Practical Intelligence, PQ)等。CQ 所涵盖的内容是目前其他商概念没有涉及的方面。高 CQ 的人知道如何随文化场景的变化而调用不同的实用技能和人际交往技能。CQ 的四个能力分别包含更多的细分维度(即具体技能),其中所有具体技能都可以被准确测量,人们也都可以通过努力加以提高。

具体的细节将在随后的章节中介绍。下面对这四个能力维度做个简单介绍。

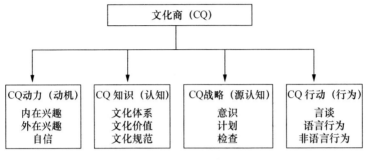

图 2-1 CQ 四维度

CQ 的四个能力维度

1. CQ 动力（动机）：具有适应跨文化的兴趣、自信和动力

作为 CQ 的动机维度，CQ 动力反映一个人对于跨文化工作的兴趣、动力和激情。你是否有足够的自信和动力去应对跨文化活动中所需要面对的挑战与冲突？能够全心全意、坚持不懈地应对跨文化活动中不可避免的诸多挑战是 CQ 中最重要的能力。我们不能想当然地认为所有人在面对文化差异时都会积极主动地进行自我调节。员工们往往对多元化培训项目缺乏兴趣，往往不情不愿地参加这类活动。被派到海外的人员一般更多地关心如何让整个家庭迁到异地、如何适应海外的生活，而不会意识到他们更为紧迫的任务是提高自身对异国文化的理解。没有足够的跨文化交流的动力，对这些员工进行跨文化培训是徒劳无

益的。

　　CQ动力包括三个细分维度：内在兴趣，即你从多元文化环境中能够感受到的快乐感；外在兴趣，即你从多元文化环境中可以获取的收益；自信，你自己相信能够在跨文化环境中应对自如。②CQ动力的这三个细分维度对于我们如何对待跨文化环境具有重要作用。③

　　2. CQ知识（认知）：了解不同文化的行事规范和差异

　　CQ知识作为CQ的认知维度，是指你对不同文化的知识积累以及不同文化对商业活动影响的认识。你知道文化是如何影响人们的思维和行动的吗？CQ知识也包括你对不同文化差异的概略性知识。

　　CQ知识包括两个细分维度：概略性文化知识和专业领域的文化知识。④概略性文化知识包括对不同社会所具有的文化体系、文化习俗、价值观的宏观把握。作为一个成功的领导者，你需要了解其他地区人们的沟通方式、主流宗教信仰、社会对男女角色的规范等。此外，概略性文化知识还包括对于重要国家和地区的不同经济、商业、法律和政治体系的了解。比如，每个国家的文化体系都会影响它如何分配商品和服务、影响人们如何组织家庭、抚养孩子等。了解一个国家的家庭体系似乎与商业活动无关。但是，当你制定人力资源管理政策时最好知道你的员工是否需要照顾几代同堂的年长者。你当然还需要对文化、语言和非语

第二章
什么是文化商

言交流行为有足够的了解。这类知识会帮助你在一个新的文化环境中自信地开展工作。不同文化的时间观和人际关系观直接影响一个北欧地区商人能否成功地在中国或沙特阿拉伯设立分支机构,因为这两个国家对于领导(或是上级)有不同的理解。

CQ知识的另一个细分维度是了解不同文化对你自己专业领域的影响。比如,在多元文化环境下有效管理一家企业与有效管理一个大学所需要的CQ知识是不一样的。同样,在一家IT公司的海外分部所需要的文化理解也不同于为非营利组织或军队的海外机构工作。这类专业领域的文化知识加上概略性文化知识方面的积累是高CQ领导者的重要素质之一。

CQ知识也是过去许多跨文化管理方法中重点强调的方面。数量庞大的培训、咨询行业都在教人们这些文化知识。但是,这些文化知识如果不能和CQ的其他三个方面相结合,其对提高领导能力的作用则非常有限,甚至会有害。

3. CQ战略(源认知):对多元文化经历进行谋划

CQ战略,或源认知,是你在跨文化环境中进行谋划的一种能力。你可以在跨文化情景中放慢节奏来仔细自省内心活动、真正了解其他人的内心活动吗?CQ战略就是你能够应用CQ知识来解决跨文化环境中复杂问题的能力。CQ战略可以让领导者用CQ知识来计划、准确诠释发生的事情并及时调整原有计划。

CQ战略包括三个细分维度:计划、意识、检查。⑤计划是指提前准备好如何面对跨文化场景的人、事和话题。意识是指有意识地和自己身处的跨文化场景同步。检查是指比较实际经历和先前的期望。CQ 战略强调有意识地计划、关注新的文化环境并及时检查过去的理解是否有效。

4. CQ 行动（行为）：在不同文化环境适时调整语言和非语言行为

CQ 的最后一个维度——采取行动，是指你在不同文化环境中言行恰当的能力。你能在不同文化场景中有效完成工作目标吗？CQ 行动中最重要的一个方面是知道什么时候坚持、什么时候随机应变。一个 CQ 高的人知道哪些行为可能改变工作绩效，并根据这样的理解采取 CQ 行动。因此，CQ 行动是指在特定文化环境中随机应变的能力。

CQ 行动的细分维度包括言谈（为了表达某种特殊信息应该选用的词句）、语言行为、非语言行为。[6]这三个方面往往是我们最需要根据不同文化习惯进行调整的。尽管了解所有文化中该做什么、不该做什么是不可能的，我们还是应该知道注意某些重要的方面。比如：西方人应该知道在亚洲人递给你一张名片后需要仔细阅读名片上的内容。亚洲人需要知道如何通过和北美人拉家常来建立彼此信任。另外，在不同的文化场景中，我们还需要知道一些基本的语言和非语言交流技巧来增进他人对我们领导能力的认可。比如，不同文化对说话声音的大小有着非常不同

第二章
什么是文化商

的解读。更为重要的是,你需要及时调整自己在决策过程、项目截止日期、团队氛围建设方面的许多做法。几乎所有跨文化交流的著述中都会强调灵活机动的重要性,我们的 CQ 行动维度更为翔实地介绍如何评价并提高自身的灵活机动性。

本书旨在为你解读四个 CQ 维度/能力并提供如何提高每个维度的方法。你在提高每个 CQ 能力的同时,也会为自己和他人找到更多的成功机会。

如何测量 CQ

我的同事戴万林和洪询博士在理论上提出了 CQ 的四维架构后,成功研发了文化商测评量表(CQS)并对大量不同群体进行过反复测试和验证。被测试对象包括企业高管、海外派驻人员、军队领袖、一般工作人员、学生和销售人员。文化商测评量表可以用来测评一个领导者的 CQ 四维能力以及各个能力的细分维度。

第一个支持文化商测评量表作为一个有效的自我测评工具的实证研究发表于 2007 年。[⑦]随后又有一百多篇权威杂志发表了相关实证研究结果。另外,戴万林和他的同事还开发了一套观察员 CQ 测评量表(Observer-Rated version of CQS)并证实了该新量表的有效性。同事和上司等都可以用来作为该测评量表的观察员。[8]为了推动更多关于 CQ 的学术研究,文化商测评量表对全世界学者的学术研究免费开放。

相比于你的性格、年龄、性别、出生地或者你的情商,文化商能更可靠、更稳定地预测你在跨文化环境中的领导能力。大卫·松本(David Matsumoto),世界最知名的跨文化心理学家,认为 CQ 是少有的几个能可靠衡量一个人跨文化能力的方法之一。他说,"从多个不同文化的大量取样研究表明,文化商测评量表具有良好的预测性。"[9]松本大师同时还表示,文化商可以预测一个人在跨文化环境中的诸多工作能力,包括决策判断能力、解决问题的能力、自我调整能力、健康、销售能力、文化冲击感、创新能力、团队表现、谈判和建立信任的能力等等。[10]

文化商测评量表包括自我测评量表(CQ Self-Assessment)和多评测员 360 度测评量表(CQ Multi-Rater Assessment)。大量的企业、政府机构、慈善机构和大学都在广泛使用这两个量表。CQ 自我测评量表通过自我测评的方式让一个领导者衡量自身跨文化领导方面的能力水平。多评测员 360 度测评量表则可以综合自我测评结果和他人反馈意见,因此更全面、可靠。同时,该方法可以让领导者比较自我感觉和他人评价意见,从而提高自己的 CQ。不少《财富》杂志 500 强的企业、政府机构、慈善机构和大学都采用多评测员 360 度测评量表。具体文化商测评量表和相关研究在 www.culturalQ.com 网站上有更多信息。

文化商与文化能力（Cultural Competence）

领导者需要提高跨文化工作的能力显然不是什么新鲜的提法。过去的文献中往往用文化能力或者全球视野来表述这种现象。文化商和这些概念到底有什么不同？文化能力泛指一个人理解和欣赏并知道如何和不同文化背景的人交往的能力。目前有超过 30 个文化能力模型，涉及超过 300 个从性格特质到态度、信念等不同的概念。这些模型、理论对于我自己的全球领导力提高起到了重要作用，我也曾饶有兴致地读过、听过许多文化能力方面的介绍。但是，我总觉得无法把这些理论和我具体需要怎样做联系起来。文化能力领域一直缺少一个统一的模型，并且以前的评测量表过于强调自我意识、态度和对文化规范的理解。用这些空泛的概念来评测、提高自己的文化能力几乎是不可能的。另外，如果你发现你具有某种性格取向不利于你在跨文化环境中有效工作，你一定也会受些打击吧。了解不同的文化规范确实很重要，但是我经常见到一些人对于不同文化规范了如指掌，却无法通过灵活应用来实现有效的跨文化领导。

CQ 虽然源于文化能力领域的诸多见解，它和文化能力有如下重要区别:采用"商"的形式、结构连贯、预测实际效果和渐进学习导向。

采用"商"的形式

文化商得益于源远流长的"商"学系列研究。[11]该概念被《剑桥商学研究手册》(Cambridge Handbook of Intelligence)收录,和"情商""社会商"等不同的"商"概念具有同等重要的位置。情商是指一个人对自身和他人的情绪感知和规范的能力。[12]大多数领导者都知道情商对自己领导能力至关重要。但是,情商能跨越国境吗?

有一次,我和一组刚从印度班加罗尔游学回美国的MBA学生会谈。其中一个学生叫谢丽(Shelly),非常活跃。她穿着高跟鞋、黑色套裙,头部发髻盘起,对其他同学的发言总是非常得体、热情地默默赞许。和谢丽交往要不了几分钟,你就会知道她的情商非常高。她的交谈技巧娴熟,不仅能积极回答我的提问,有几次她还将几个先前沉默寡言的同学拉到谈话中来。但是,具有讽刺意义的是,当我问她,"你在班加罗尔最大的挑战是什么?"她答道:"主要是如何让人们和我交谈,这总是让我非常难堪;我试过各种方法,总是没法和那里的人顺利交谈。虽然我和印度当地人都说英语,但是和他们谈话好像总隔着点什么。"

有些人可能在自己文化环境中具有很强的同情心和感召力,但换个文化环境后往往会力不从心。这样的状况往往让像谢丽

第二章
什么是文化商

这样的社交高手感到很挫败。关于情商方面的书籍和培训往往假定你对交往对象的文化是熟悉的。文化商可以弥补情商以及其他实用"商"没有涉及的内容。文化商可以帮助你在多元文化环境中提高人际交往能力和解决问题的能力。由于文化商是后天习得的,你可以将先前的学习体会应用到新的文化场景,而不需要在面对每个新环境或雇用每个新员工时从头开始学起。

结构连贯

文化商和其他文化能力理论的另一个区别在于其结构连贯。文化商的四个维度提供了一套连贯性地测量、提高和应用文化商的体系。相比于其他文化能力理论将人格特质、态度和习得能力等混在一起的长串清单,CQ体系更具有可操作性。文化商的四个能力维度(动力、认知、源认知、行为)同时也和其他"商"是紧密相连的。一个人可能知道如何与人交往(认知),但他如果没有和人交往的动力,他的社交商就会比较弱。一个人可以深刻分析问题(源认知),但不知道如何具体落实到实处,实用商也就会比较低。

另外,文化商架构可以适用于所有文化,而这正是全球化管理领域一直希望找到的理论结构。[13]正如先前所言,正是文化商架构的这种普适性吸引了我。由于工作需要,我经常短期出差,很多旅行都会充满惊奇。我深知文化对于我工作成效的影响,但是要做到对需要接触的人和地方的文化了如指掌又是绝对不可能的。

　　对于某些文化的深度学习有时很重要。当我代表大学到利比里亚工作时,我当然知道我需要加强对利比里亚历史和文化背景的学习。如果我准备凭一些常规的文化理解在利比里亚开展工作,就显得有点不负责任。同时,我也不是从零开始。尽管我没有去过利比里亚,也没有学习过利比里亚文化,但是我的文化商的累积可以帮助我知道该寻找什么样的信息、该问哪些问题。当然,我前面给大家分享过我在利比里亚所犯的错误也证明文化商从来不可能让你避免错误。但是,正是这些错误让我们的文化商得到提高。事实上,文化商高的人深刻懂得跨文化冲突不仅不可避免,还会有助于我们个人和职业的成长。

　　你可能还需要增加对某些组织、某个年代出生的人群和社会阶层、族裔方面的认识。但是文化商模型的主要目的是让你修炼出一套能应用到各种不同文化环境的能力。一些文化商方面的书和培训项目可以给你一些基本的铺垫。但是,你的整个跨文化领导生涯需要你不断修炼。文化商的四维架构为领导者自我修炼、帮助其他人提高文化商提供了非常好的体系。

预测实际效果

　　过去跨文化研究领域测量过一个人的"知识资本"(Intellectual Capital)或者"民族优越感"(Ethnocentrism)。但是没有可靠

第二章
什么是文化商

的证据表明这些素质和领导者的跨文化表现有关联。成百上千的实证研究表明,文化商的四个维度可以直接和具体工作表现挂钩。如果你想在跨文化谈判中表现不俗,CQ 可以预测你的业绩并建议你从哪些方面提高业绩。如果你想让一个领导者成功领导一个跨文化团队,CQ 可以预测该领导可能需要克服的困难。或者,如果你想知道某个人在跨文化环境中的决策能力,CQ 量表完全可以帮你找到答案。CQ 研究旨在预测实际效果、提供调整方案。本书第八章将详细介绍高文化商和哪些具体工作绩效挂钩。

渐进学习导向

人们往往会问:文化商是天生的还是后天习得的?有些人天生就会有高的文化商吗?回答是:可能。就像我们中一些人的基因适合当运动员、工程师和音乐家一样,有些人可能生来就会在不同文化环境中游刃有余。

例如,有研究表明,文化商中有些能力和外向型性格直接关联而其他一些能力和内向型性格相关联。另外,一个人的勤奋精神和 CQ 战略正向相关而一个人的"开放性"(即一个人对环境和世界充满好奇)和 CQ 的四个维度都有正相关关系。[14] 所以,我们的某些人格特质和文化商是有着某些联系的(第八章将做详细介绍)。但是,文化商概念强调通过学习和干预,每个人的文化商都可以得到提高。有些人可能天生会在跨文化环境中调整自己的行为，但并不表示他们会自然成为一个高文化商的领导者。就好比一个人虽然有好的长跑基因，如果平时不锻炼，也无法成为马拉松运动员。同样道理，一个天生具有"开放性"的人也需要不断修炼这个素质从而提高文化商。作为一个较新的"商"概念，文化商强调后天习得。通过培训、经历和修炼，任何人都可以提高文化商。这也是文化商概念和其他全球领导力之类概念的重要区别之一。

CQ 模型非常适合全球化领导力方面的培养，它为未来的领导者提供了一整套实用、可行的能力培养方案（更多新的文化商方面的研究成果和读物请参考网站 www.culturalQ.com）。

四部曲

文化商的四个维度（四部曲）可以应用到许多领导力方面的培训。你可以用四个能力维度来评估你正在考虑选派到海外工作的人选，也可以用来指导组织的多样化、包容性项目设计、全球化管理培训或领导者个人完善计划等。这四部曲可以用来长期修炼自身文化商或者短期有针对性的参考。尽管文化商的四部曲并不一定是按照固定的顺序来发展，将文化商的四个维度按照

四个过程来理解⑮,大致内容如下:

  第一步:CQ 动力(动机维度)给我们能量和自信:为了完成某个跨文化工作去增加知识和提前计划。

  第二步:CQ 知识(认知维度)帮我们积累该工作所需要的基本文化知识。

  第三步:CQ 战略(源认知维度)根据该工作所需的文化知识进行计划并对现实进行评判。

  第四步:CQ 行动(行为维度)指导我们有效、灵活地完成该工作。

随着这个过程的不断反复,你的文化商也会随之提高。文化商不是一个静止不变的能力,它随着我们的日常工作而不断发展。它也不会总是线性增长或者从第一步按照顺序发展到下一步。但是,如果你想实际应用 CQ 体系到培养领导力的各个方面,将 CQ 的四个维度作为四部曲是个很好的开端。

真心实意之道

除非我们真正改变了自己对世界上其他族群的看法,否则,仅仅改变我们跨文化的一些行为往往徒劳无益。我们必须从装着尊重别人变成真心实意地尊重和欣赏不同文化背景。这个因素决定着一个领导者的真正文化商。如果我们不能从内心深处改变彼此的看法,所有的多样化项目、跨文化培训创意都是浪费时间。

我经常听到一些员工抱怨一些多样化培训项目在实际工作环境中毫无用处。提醒男士们如何正确和女员工相处,或者教不同文化背景的人们什么时候适合进行直接或间接(非直接)交流等当然有帮助,但是,如果某个男员工从心底就不尊重女士,或者一个澳大利亚上司真心觉得她的中国伙伴应该更"直截了当",我们的培训又有多少作用呢?

一个公司曾经开展了一个非常广泛的员工多样化培训项目来解决公司不正常的企业文化问题。花了成千上万的钱、让员工参加形形色色的多样化培训项目,却一点收获都没有。研究者后来发现,问题的根源在于该公司军人出身的 CEO 对于体重偏胖的员工具有极端的偏见。在他看来,体重偏胖的员工懒惰、缺乏组织纪律性。他和他的高管们参加无数次的员工多样化的培训项目都没有解决这个问题[16],而正是这种无意识的偏见让整个公司文化出现了问题。文化商基础上的领导者首先要解决自己内心的偏见和假设,其次才是有意识地解决这些问题。

提高 CQ 不仅仅意味着改变和不同文化背景的同事说话的方式,而是从根本上改变对彼此的看法。书中后面的章节会详细讨论如何完成这样的根本性转变。

第二章
什么是文化商

总结

有些人具有很高的 CQ 而有些人则没有,但是每个人都可以提高自己的 CQ。CQ 可以为领导者面对眼花缭乱的文化环境护航。它包括每个领域的领导者都必须具备的各种能力。没有 CQ 的领导者会让他们自己的职业生涯和企业前途毁于一旦。如果领导者能够在遇到跨文化问题时仔细思考、计划并采取相应行动的话,他们在当今多维度、充满变化的世界里又多了一件利器。

CQ 是建立在其他"商"概念基础上的一种习得能力。正如领导者可以提高自己的社会商、情商和技术能力,他们也可以提高自己有效领导不同族裔、不同企业文化的能力。当领导者拥有 CQ 的四个方面能力时——CQ 动力、CQ 知识、CQ 战略和 CQ 行动,他们就获得了帮助他们出入全球化世界的知识、技能和得体的行为。真正的文化商来自于不断改变自己内心、改变自己在国内国外领导员工的方式。

Leading with Cultural
Intelligence

文化商引领未来

第二部
提高文化商

第三章
CQ 动力：发掘自身潜能

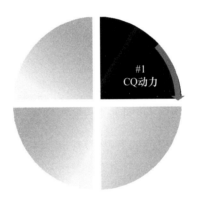

CQ 动力：认清动力	
在跨文化场景中表现你的兴趣、自信和冲动	
CQ 动力较高的领导者	CQ 动力较高的领导者往往积极主动地学习、适应不同的文化现象和环境。他们对于自身适应不同文化环境的能力往往很自信，而这种自信又会体现在他们在跨文化场景中的言谈举止上。

我遇到跨文化场景的时候往往会觉得浑身是劲。满屋子的人中，外国人往往会像吸铁石一样牢

44 牢地吸引我。你要是问我想去哪里吃饭,我往往会选择一些鲜为人知的少数族裔美食餐厅。你要是给我买张国际机票,我的心跳马上就会加速。我爱在陌生的街道上漫步、品尝当地美食、参观当地人的聚居区,还有就是在当地市场上买东西。所幸的是,我目前的国际工作让我永无止境的好奇心得到了极大的满足。但是,我的好奇心也会给我带来一些麻烦:并不是所有同事和朋友都和我一样对异域文化充满热情的。有一次,我和一群来自西方的同事们在孟买开完会后,建议大家去一个我自己从来没有去过但可以品尝当地特色美食的餐馆用餐。我的建议一出就被大家一致否决,而最后我们去了一家叫"Tony Roma"的西餐厅品尝牛排和猪排。另外有一次,我满心欢喜地告诉和我一起到墨西哥出差的两个同事说,我们和当地合作者的会谈移到了墨西哥城郊外的小村庄。他们都颇为不悦:一个说,"你不是在开玩笑吧?"另一个说,"为什么浪费时间?就在我们现在舒适的宾馆会谈不是更好?!"

这些年来,我一直尝试着不去先入为主地认为所有人都和我一样对于一个崭新的地方充满探险家的好奇。每个人对于在跨文化环境中的工作动力和热情是不一样的,而且这些差异也很正常。我们有些人会热爱旅行、去体验不同的风土人情;而另外一些人则希望永远不要离开家就最好。但是,各行各业的领导者却必须面对日益全球化的环境。

第三章
CQ 动力：发掘自身潜能

即便我们没有与生俱来的好奇心，一些简单的方法也可以帮助我们提高跨文化领导的热情。在过去对高文化商领导者的研究中发现，文化商热情，也就是文化商的动力元素，是文化商四维结构中最为重要的部分。能够在跨文化环境中卓有成效地开展工作的优秀领导者往往对不同文化充满好奇、饶有兴趣。

文化商热情对于跨文化领导工作的重要性似乎显而易见，但这又是我们最容易忽略的方面。许多企业、组织往往积极地给员工们讲授各种文化差异，却忘了评估员工们是否真心愿意学习这些知识、员工们是否了解这些知识对他们今后工作成效的重要性。这就是过去"员工多样化"培训项目往往收效甚微的原因之一。如果团队的成员没有认识到与自己文化背景不同的同事相处时做出适当调整所能带来的好处，讲授再多的文化差异都只是在浪费时间。过去的研究表明，一个人愿意在跨文化环境中调整自己的热情和他的跨文化工作成绩直接相关。因此，文化商热情不只是文化商四维度中的一个维度，还是最为关键的维度。

有时候，我们不愿意和某些文化背景的人共事的原因往往可以追溯到自己的人生经历。以文迪为例，她在纽约一个优越的中上层家庭长大，37岁的她毕业于康奈尔大学，哈佛大学MBA，在位于纽约的公司里打拼了7年。她的得体举止、热情真诚的微笑和自如的谈吐无不透露出自信。她在工作和学习的间隙一直在"大哥哥、大姐姐"组织中给一个贫穷社区的孩子们做"大姐姐"。

5年前,她决定担任一个旨在帮助失足儿童的非营利机构的CEO。

文迪的组织在过去的15年里主要帮助美国和加拿大的贫困孩子。2014年,该组织的董事局决定让文迪将救助范围扩大到中美洲。文迪觉得这样会让组织失去现有的工作重心,她本人并不支持这个决定,但还是答应试试看。在和我见面前,她花了六个月时间查阅所有她能找到的关于在特古西加尔巴(Tegucigalpa)、马那瓜(Managua)和圣萨尔瓦多(San Salvador)的儿童所面临的各种挑战方面的资料。她认真阅读了中美洲地区的文化资料,还提高了自己的西班牙水平。文迪同意参加我关于非营利机构的文化商领导力的访谈研究时,离她代表组织首访中美洲刚好两个星期。

文迪:当我和芝加哥南边的社区领袖一起或是和偏远的萨斯喀彻温(Saskatchewan)社区活跃人士们一起时,我知道怎么做。我清楚地知道那里的孩子们需要什么。但是,就算我已经学习了大量有关中美洲的知识,我还是不知道应该如何调整我们现有的项目来帮助那里的孩子。

老实说,我刚开始很高兴看到文迪没有过分自信地认为她的组织的各种项目可以不加更改地帮助中美洲的孩子们。后来,我隐隐约约地感到文迪对组织新的扩展计划实际上并不支持。

第三章
CQ 动力:发掘自身潜能

我最后决定直接问文迪:"你对这次旅行很期待吗?"她答道:"你也知道,旅行是年轻人的事。我对旅行还凑合。我到过中美洲哥斯达黎加的几个海滨度假胜地。"我继续追问道:"那你对于组织扩展到中美洲怎么看?这个新的工作任务让你很激动吗?"

文迪:我不觉得很激动。我正在努力学习,然后我需要物色其他对这个计划更有热情的人来全心全意地接管。我的热情在于这里的孩子。我不是说我不关心其他地方的孩子们,但是我的心只能装这么多。

经过更多的交谈,文迪告诉我她很难和西班牙裔男人相处。她在以前的工作中被一个墨西哥裔男同事多次性骚扰,但她没有正式告发他。她知道,因为过去的经历对所有墨西哥男人有偏见是不公平的,但马上要去一个会让她回想起过去不快经历的地方却是她无法坦然面对的。

尽管文迪努力提高西班牙语水平、了解中美洲文化,她对于这个跨文化项目的疑虑一定会影响到她的工作成效。过去提高全球领导力的方法都把重点放在掌握文化差异方面的知识。其实,跨文化管理的最大挑战不是知识的缺失,而是 CQ 动力不足。没有充足的动力和自信,领导者在跨文化管理中一定会屡招挫败。所以,在考察一个即将担任跨文化管理工作的人选时,首先要评估他(她)的 CQ 动力。对于 CQ 动力低的人员应该谨慎考虑是否派他们去从事跨文化工作。

不过,任何人都可以提高自己的 CQ 动力。万博士和安博士的研究表明,CQ 动力主要有三个来源:内在兴趣、外在兴趣和自信。[①]我们自己或者帮助其他人可以根据这几方面来提高 CQ 动力。

如何提高 CQ 动力

1. 诚实对待自己
2. 检查自信心水平
3. 吃饭、社交
4. 历数跨文化工作的各种益处
5. 为了更伟大的目标工作

关键问题:对于眼前的跨文化工作任务,我的自信和动力如何?如果缺乏,怎样提高?

诚实对待自己

提高 CQ 动力的第一步就是诚实对待自己。如果文迪能够诚实地意识到自己不愿意完全接受拉美文化,她就会有很大

第三章
CQ 动力：发掘自身潜能

的进步。

我自己到一个新地方后，有时也会遇到意想不到的情况。尽管这些情况一般不是特别严重。比如，一次在马来西亚举办领导力培训课程时，在日记中我写道：

> 我的时差还没倒过来，埃默里（我女儿）在美国的家里生病了，而且我昨天上课也不是特别好。昨晚和约翰吃完饭后，回到房间发现电子邮箱里一大堆的急件。我特别需要时间来重新设计今天的教课内容，但是没有时间了！我马上得开个电话会议，一小时后又得去上课了。

对我来说，我当时没有动力的原因包括想和生病的女儿待在一起、非常困乏、自己怀疑自己的讲课效果。对于文迪，她缺乏动力是因为以往的经历带来的恐惧感。

被公司派到肯尼亚首都内罗毕工作两年的克劳斯（Klaus）非常需要这样的诚实。他这样描述他们一家从慕尼黑到内罗毕后的经历：

> 我们不相信任何人。我们听到许多外派人员被抢或是被人欺负的故事。因为害怕肯尼亚人到家里，我妻子拒绝请当地人做家务。后来，慢慢好些了。但是，刚开始的六个月，恐惧是我们最大的挑战。

我们当然需要保证家人的安全。但是，我们也需要找到克服恐惧的方法并持之以恒。

诚实对待自己也包括面对我们不经意地带有的对一些族群的偏见和歧视。请看下面这段俄勒冈州波特兰市的一个企业老板的自白：

> 我是种族主义者吗？昨天我去抽血检查，看见一个黑人走进来，我就马上想到他一定是医院的化验室技术人员。后来发现他其实是医生……我为什么那么快地判断他是化验室技术人员呢？如果是个白人的话，我可能早就猜出他是医生了。

我们都会无意识地对某些族群带有偏见。这些偏见来源于人类的社会化进程，我们的大脑在成长过程中学会了自动识别一些"敌人"。这种反应是无意识的。但是，关键在于我们不能根据这些反应来采取行动或者对某个族裔的所有人都适用这些偏见。学会诚实地面对并了解自己的偏见，我们就可以更好地控制、调整这些负面反应带给我们的影响。

下面的一些方法可以让我们诚实面对自己：

- 找出最具挑战性的文化。对你具有挑战性的文化包括某些国家、种族，也可能包括其他文化形式（比如，某些年龄群的人、某些职业或某些政治理念）。如果你被派去领导一个团队，你最不愿意看到自己团队成员来自哪个文化？为

第三章
CQ 动力:发掘自身潜能

什么？自己想想这些问题、与信任的朋友和同事讨论等会让你更诚实地面对自己。

- 做一些潜意识联想练习(Implicite Association Tests)。这些练习可以让我们认清自己对不同肤色、体重、年龄和地区人们所持有的偏见。非常好玩的一些游戏,让我们看到自己如何毫无意识地被偏见影响。这些练习可以让我们认识到自己对一些文化群体的自然反应,并对此加以克服。

- 重新审视自己以往领导能力测试、性格测试和情商测试的结果。看看这些测试工具是否揭示出某些影响你跨文化交流的倾向。比如,如果你习惯把完成任务放在建立关系之上,想想这种倾向会让你更乐意和哪些文化交往,更不喜欢和哪些文化交往。

如果你总体上不太喜欢跨文化交流和跨文化经历,首先承认这个事实。然后,试着寻找可以把跨文化交流和你在意的事情联系起来,把自己的一个兴趣和跨文化元素联系起来。比如,从事图文设计的领导者可以通过不同文化评价自己最喜欢的图标来理解文化差异带来的不同欣赏品味;或者,从事医药行业的领导者可以通过了解不同国家病人的社交方式和行为特点来提高新药的疗效;喜爱跑步的人可以在旅行途中发现新的地貌;摄影师可以在同一个社区的不同街道捕捉到不同的风景;动物爱好者可以通过国际旅行探访野生动物聚居地等。

51　检查自信心水平

诚实地对待自己,自然就会让我们想到提高 CQ 动力的另一个方法——检查自己在跨文化交流中的自信心水平。自我效能是我们对能否成功完成任务的自我评估,也就是我们能否成功完成某项工作的自信心。许多研究表明,一个领导者的自信直接影响工作业绩。②

文迪对于她的组织表现出很高的自信:组织的预算是五年前的 3 倍、受惠的儿童数量增加了 5 倍。而且她相信未来五年,这种好的发展势头还会继续。但是,对于将组织扩展到中美洲的计划,由于过去的经历和无意识的偏见却让她缺乏自信、不知所措。

自信心水平直接影响你能否根据不同文化来调整自己的领导风格。③缺乏和某个特定文化相处的自信会导致你在处理谈判、冲突和抓住商业机会方面成绩平平。④文迪通过学习中美洲地区的文化和高危儿童现象来提高自己的自信心。这个方法往往是提高自信的第一步。⑤另外,向那些在某个文化环境中出色工作过的人请教、聘请翻译和文化教练、通过小的成功经验来增

第三章
CQ动力：发掘自身潜能

加自信等都是不错的选择。当文迪开始接触其他西班牙裔男性并有积极的经历后，她就可以改变内心的偏见、提高自己对中美洲地区发展计划的自信。

当然，我们也需要把握"度"。太多领导者过于自信，也是非常有害的。而且，有些跨文化训练和管理课程过于关注其他领导人曾经犯过的错误，这使得我们心生恐惧。

上次在马来西亚上课遇到缺乏自信和动力时，我本能地决定改变当天的课程内容。本来，我们应该延续前一天的话题，讨论退休领导人如何选择继承人。前一天的经历让我对自己能否让学员们积极参与讨论缺乏自信。由于我那段时间一直思考企业文化和创新的问题，和部分学员私下聊天时也发现他们对这个话题感兴趣，所以我很快决定更换我更有自信的议题。我设计了一些小组讨论练习和一些活跃课堂讨论的材料。刚开始，我必须面对部分学员对于我们偏离议题后能否把整个培训内容讲完的质疑（马来西亚文化使得这种怀疑更加强烈）。后来，整个课堂活跃起来了！这可能是因为这个话题和课堂内容更有趣，但是我自己坚信能够把这个话题讲好、能让学员们受益的信心也是关键。

53　吃饭、社交

食物是国际旅行者最熟悉的话题。许多商务旅行者都会绘声绘色地描述如何面对自己不熟悉的食物、如何面对主人不顾客人对一些食物敏感而准备的特色食物时的"恐怖"经历。安妮是一个印尼高管，她是这样描述她到美国的首次商务之旅的：

> 我还是没法咽下你们北美人钟爱的生菜。你们的沙拉都太多了，而且，我实在不喜欢。因为看到你们是如何把鸡肉冷冻起来的，我实在没有办法吃放在沙拉里的冷鸡块。我觉得这些鸡块不如从牙买加市场上买的新鲜。在家里买鸡或鱼，我可以看到它们在被切成小块之前长什么样。在美国，我每次到超市肉部的时候，就觉得倒胃口，每顿饭都需要非常艰难地对付。

具有讽刺意味的是，许多北美人会用同样的方式描述他们如何看到在其他国家市场上挂起来卖的鲜肉就倒胃口的经历。安妮讨厌美国食物对于她在美国生活和工作的负面影响比起在其他地方可能要小得多，因为食物在北美文化中基本以其功能性为主。我们吃饭是为了工作，以方便为主。如果安妮到我家做客，

第三章
CQ 动力:发掘自身潜能

我会告诉她"要是不喜欢,就别吃"。如果她什么都不吃,我们当然心里不会好受,但我们还是会尊重她,希望她只吃自己想吃的东西。

但是在世界其他地方,食物在人们的生活中占有非常重要的位置。有时候,我的印度朋友用在他们家院子里长了几百年的香料来为我准备料理。最好的印度餐有时需要几天时间来准备。不吃这样的食物或者客人帮你用心点的食物可能带来的影响,比不吃某个美国朋友(她自己都不会对食物多么在意)给你准备的食物要深远得多。有时候,拒绝食物就等同于全部否定对方。另外,对于是否用餐具吃食物的问题,我的一个印度朋友说:"吃饭用餐具就好比通过翻译来做爱!"这个比喻反映印度人对于他们料理的钟爱程度。拒绝印度同事的食物显得非常不尊重,会直接影响到生意的成败。你以前想过食物对于自己的工作业绩有如此大的影响吗?

爱德文是一个《财富》500 强英国公司的高管,经常出差到东南亚地区,他注意到自己喜欢尝试新食物的习惯屡屡给他的商业谈判加分。他回忆道:

> 我的当地朋友往往首先想到带我去西餐厅。当他们听我说更喜欢当地食物时,都会非常诧异。他们总是不断告诉我,作为一个西方人如此敢于在食物方面冒险是多么难能可

贵。我试过辣面条、奇怪的海鲜、鱼眼睛、青蛙、蛇、昆虫等。正是在这些办公室以外的晚餐桌上，真正的生意才开始。我相信这是最重要的国际商务战略之一。

爱德文坚信大多数在东南亚的合同都是在和商业伙伴共进晚餐时确定的，而不是白天在办公室开会的时候。你大可不必像爱德文那样对所有新颖料理都接受来使自己更受欢迎。仅仅愿意尝试都可以帮你大忙。这不仅适用于英国人到中国，也适用于中国人到英国。你试着尝试当地美食的举动不仅让人们看到你敢于冒险的一面，还会让合作伙伴看到你愿意了解、欣赏他们的文化。下面的一些方法对一些对此犯难的读者可能有用：

- 总是要尝一点。
- 别问吃的是什么。有时候知道了会更加难以下咽。除非是食物过敏或宗教原因，吃了再说。
- 切成小片，很快咽下去。
- 遇到黏糊糊的食物，就着米饭、面条或面包就会比较好咽下去。
- 记住菠萝可以减轻辛辣食物的刺激、可乐可以让食物消化得更快。所以，记住吃些菠萝、喝些可乐之类的饮料。
- 如果你不知道如何吃（比如是否用手、剥不剥皮等等），直接问。主人一般都会热心帮你。

第三章
CQ 动力：发掘自身潜能

- 找到食物的可取之处加以赞扬，绝对不要面露不悦。他们都在看着你！
- 向主人请教某道菜的特殊文化意义或对于他们个人的意义。

大多数文化给一起聚餐赋予了比一起"拿点东西吃吃"更隆重的意义。在很多地方，一起吃饭是建立互信的重要方式。同样的，很多地方邀请你一起观光也是为了建立互信。一个新加坡高管去泰国办公室公干可能觉得在河上乘船观景是浪费时间。荷兰的高管可能觉得和肯尼亚官员一起品尝当地美食和是否能在当地开设工厂没有多少关系。但是研究表明，我们对于其他文化和当地人的兴趣直接影响我们如何在这些文化里巧妙地开展工作。对于许多来自发达国家的人来说，看当地的风景是浪费时间。实际上，有些文化认为观光体现了你对一个文化和历史的尊重，而另外的文化可能觉得观光是增进同事关系的重要途径。来自对历史不够重视的文化背景的人常常忽略这些问题。

文化差异在社交场合比在工作场合体现得更充分。一个软件工程师和另一个 IT 工程师往往可以通过"代码"很快找到共同语言。同样的，一个巴西大学领导和一个德国大学领导，或是一个中国高管和一个加拿大高管都会比较容易找到共同语言。当然，工作场合也会有文化差异和挑战。但是，比起在社交场合的交流，我们往往更容易和同行进行工作方面的交流。当我们和同行在社交场合接触时,许多工作上的规则显然不管用了。我们最大的跨文化挑战发生在离开办公室后的餐桌上:聊什么话题合适?我应该问对方家庭成员的情况吗?吃饭时讨论生意问题合适吗?吃什么?在哪吃?等等。

由于和不同文化背景的人在社交场合交流比较费神,我们往往更愿意退到自己熟悉的社交环境。短期海外出差的商人往往觉得和自己国家的同事一起、吃自己熟悉的食物会更舒服。部分跨国公司的外派人员往往和其他外派人员组成一个小文化圈,而不是去和当地文化打成一片。当我们不去接触当地文化而每天和一大群自己国家来的同事在一起,我们就很难出色完成跨文化工作。和一大群自己人来到一个陌生的环境,我们可以找到群体归宿感和认同感,但是同时我们也很容易不去努力地适应当地环境。⑥

这里就让我们再回到"诚实对待自己"的话题吧。我们不是不能回到自己的"天地"。尤其是性格内向的人,在跨文化社交场合往往很容易变得精疲力竭。几乎所有的人都需要时不时地和自己同样文化背景的人在一起以寻找慰藉或是自己独处以找回家的感觉——尤其是当我们长期在一个不同文化环境中处理复杂问题时。任何商务旅行者都可以几天不吃麦当劳、不喝星巴克(或茶)。但是,有时候将自己退守到自己熟悉的文化环境更有利于不断保持CQ动力,就像我们有时候需要停下来给电池充电一样。但是,我们也需要防止自己假借"充电"之名而越来越不努力接触当地文化。⑦当我们在去跨国谈判的路上寻找自己熟悉的食物、寻找自己最喜欢的报纸时,我们同时也可能失去了一个很大的机会。所以,下次当你决定不去和当地同事共进晚餐而从房间点客房用餐时,请三思。

历数跨文化工作的各种益处

跨文化工作往往会带来疲乏、恐惧和焦虑,但是不要气馁!你得到的回报远不止于飞行里程数和给亲朋好友买的礼物。请看下面一些跨文化领导者们得到的好处,希望你借此提高自己和其他人的CQ动力。

升职

越来越多的企业或组织要求高级管理人员具备在多元文化团队工作的背景。有些公司要求至少完成过两个困难国家的跨文化工作任务后才能被选作总裁级人选。英士国际商学院(INSEAD)的威廉姆·马杜克(William W. Maddux)发现,一个人的跨文化经历和他收到的工作邀请成正比,而这个结果已经剔除了个人条件和性格特征等其他因素的影响。接触并学会了如何应对不同文化的职业经理人在面试过程中往往更具有创造性、更能表现出开放性和主动性。他们往往能将看似无关的想法具有创意地放在一起而形成更好的解决方案。因此,他们在面试中表现更佳、命中率也更高。⑧

创新能力

学习如何在国际市场上谈判、拓展生意对于一个人创造能力的培养是其他方法无法替代的。谈判的艺术即便是在同样文化背景下都十分具有挑战性。通过学习如何和不同文化背景的人一起找到双赢解决方案而锻炼出来的创新能力,可以影响我们工作和生活的方方面面。理解德国和中国的文化差异是一回事,创造性地和对方一起发展有利于各方的工作关系并体现出自己的品格和尊严就是另一回事了。CQ 高的人创新能力往往也较高。

全球人际关系网

当你建立了自己的 CQ 声誉后,你的职业关系圈就会越来越全球化。客户往往希望看到企业和企业领导者了解日益多元化的世界,具有现成的国际联络网。CQ 高的领导者会不断扩大自己的人际、商业关系网。

工资、利润和成本节约

70% 的国际项目是以失败告终的,因此,出于利润的考量,许

第三章
CQ 动力:发掘自身潜能

多公司愿意高薪聘用那些能成功处理跨文化业务的人才。考虑到雇用一个在跨文化环境下难当重任的领导者带来的成本,企业不难体会启用一个高 CQ 人才的各种益处。想想下面的不利因素:

- 首先确定如果某个跨文化项目失败后,哪一级的高管需要来收拾残局?他们的年薪多少?由此可以推算出每小时的工资。对于一个失败的项目,该高管需要多少小时来处理?每周开几次会议相当于几百个小时,再乘上这些高管的小时工资,可以得出高管的成本。
- 再加上其他工作人员的成本。
- 再加上处理这个失败项目所耽搁的时间精力,而这些精力本来可以用来做其他事情的机会成本。
- 最后想一下这个失败对整个企业士气的负面影响。

有些人觉得文化商是可有可无的摆设,往往忽略了它和企业利润以及成本之间的直接联系。在企业(组织)贯彻文化商概念,已经被证明可以提高利润、降低成本。同样的道理,具有高 CQ 的领导者的收入也会更高。越来越多的企业(组织)正逐渐认识到 CQ 的投资价值。一个企业如果对高 CQ 员工给予更多奖励,整个企业都会提高 CQ 动力,并能更好地实现企业目标。

跨文化工作的好处确实是显而易见的。本书第三部将会更具体描述 CQ 对领导者和组织的投资回报。

为了更远大的目标而工作

尽管职业发展和工资收入等外在激励对于提高 CQ 很重要，但是到一定时候，领导者需要找到更持久的动力源泉。最终 CQ 的提高需要我们找到一个更远大的目标。

约翰·迄金廷(John Elkington)将公司社会责任的大趋势形象地概括成三重底线(triple bottom line)，也就是企业对三个"P"(people，planet，and profit)具有同样重要的责任。他认为，成功的企业需要经得起这三个方面的检验：我们在追求利润的过程是否让人们(people)受苦、绝望和感到不公平对待？我们的企业活动对地球(planet)有什么影响？我们的企业是否营利(profit)，如果营利，这些利润是如何取得的？⑨

每个企业(组织)都需要营利，即使是非营利组织，如果不能从经济上找到可行的模式，要实现组织目标是不可能的。具有讽刺意义的是，其他两个底线——环境责任和人文关怀——和利润目标并不冲突。这三个方面相得益彰。有时候我们可能需要放弃部分利润来满足其他两个方面的目标。重点是我们如何表现

第三章
CQ 动力：发掘自身潜能

自己对这三个方面的重视以及如何花企业赚回来的钱。钱可以为人们提供机会、生计和希望，但也可以毁掉一个人。[10]

在市场和劳动力全球化的今天，三重底线缺一不可。许多跨国公司都意识到它们的成败取决于是否能获得消费者的尊重和信任。只是符合法律法规是不够的，今天的消费者正在规范企业如何确定安全标准、处理童工问题或者歧视性用工等等。

迩金廷的三重底线说只是远大人生目标的例子之一。寻找提高 CQ 的更深刻、无私的动力比只是追求全球市场的自私利益更为重要。事实上，文化商不可能离开我们对世界和他人的真切关心。[11]文化商的核心是渴望向他人学习、了解他人。我们不能抱着强迫别人接受自己的生活观、输出自己的文化的态度。相反，全球化运作为我们提供了相互理解对方的观点和见解的机会。

从美国来的领导者应该具备什么样的 CQ 动力呢？在此，我想提醒一下。许多年以前，很多领导者认为美国的服务、产品和创意会被任何其他地方的人接受。但是，最近一段时间，世界对美国的态度以及如何与美国打交道的看法发生了深刻变化。商界、政府和非营利机构的国际领导者关起门来会悄悄说：美国人似乎生活在自己的气泡里，根本没有兴趣和其他国家进行对话。一个国际政策顾问告诉《新闻周刊》的记者说："当我们和美国官员会谈时，他们说，我们听！我们很少表示不同意见或直接表明观点,因为他们根本听不进去。"⑫新加坡前国务卿、驻联合国大使曾说过这样一句话:"这个世界有两种对话:一种是有美国人在场,而另一种是没有美国人在场。"⑬随着美国领导者更多地推崇开放、合作、包容的态度,不仅他们和其他外交人员的交流会改善,美国的全球形象也会逐渐改变。

领导者有时也需要拥有超越自我的动力来推动全球进步。随着新兴国家的崛起,比如金砖四国(巴西、俄罗斯、印度、中国)和薄荷四国(墨西哥、印度尼西亚、尼日利亚、土耳其)等,这些国家的政府和民间机构就需要思考如何用好自己日益增加的影响和权力。中国和沙特等国家的领导者可以很容易想起自己曾经弱小时的遭遇,从而希望帮助其他欠发达国家。它们可能还会出人意料地帮助先进国家,如日本、德国和美国等重拾创新活力。中国等新兴国家的崛起为它们的领导者提出了如何应用自己全球影响力的新挑战。如何有效地开展跨文化交流的动力就不只是利己而已,而是有更伟大的利他情怀使然。

超越自我的宏大目标往往可以提高我们的 CQ 动力。事实上,文迪提高自己前往中美洲开展业务的自信和 CQ 动力的最好方式是回到她的慈善初心。作为一个旨在帮助不幸儿童的机构的执行长,她从内心深处希望为所有儿童提供追求公平、平等的机会。回到她希望帮助所有儿童的利他动力可能是她最需要的动力源泉,这样她才会更好地面对内心对于西班牙文化的不和谐

第三章
CQ 动力:发掘自身潜能

感觉。同样的,外派到内罗毕的德国高管克劳斯如果能把肯尼亚人不仅仅当成是自己公司营利需要利用的市场,而是去享受和那里的人们一起工作、交流带来的快乐和惊喜,他和家人就不会对当地人充满恐惧,而是从中发掘生命的意义。

CQ 动力的真正源泉是比我们自身更宏大的某种事业。作为领导者,我们不仅需要看到自己的利益,还要通过实现比自己更宏大的事业来寻找自身存在感。如果只是追求权力、财富、成功,我们很快就会变得精疲力竭。但是,如果我们和我们的组织(机构、公司)追求三重底线(Three Bottoms:经济底线、环境底线、社会底线),意识到我们在参与、奉献给一个比自我更宏大的事业,我们就会看得更远,总有使不完的劲来面对跨文化领导工作的艰辛和困难。生命的意义在于超越自我。⑭

总结

CQ 动力不止是到一个新地方去旅游、品尝不同地域的美食,它更是在新鲜劲过去后面对文化差异带给我们刺痛时的坚持。我们更需要克服恐惧、愿意冒险,不断提高自己和不同于自己的人们交流的各种能力。而异国的美食、体验当地文化、在疲惫中坚守一定会给我们带来诸多益处。

虽然CQ动力永无止境，但当我们的CQ动力到达一定水平后，我们就会更熟悉、更愉快地不断提高CQ动力。它所带给我们的好处不仅会让我们顺利完成工作任务，还会赋予我们全新的世界观。

CQ动力小窍门

1. 计算不重视CQ的个人、企业(组织)和社会成本。这样的计算可以让你和你的团队很快意识到CQ的重要性。写下你如果不能在跨文化环境中完成领导任务而带来的各种后果。想想你会失去什么？

2. 把跨文化工作和你个人爱好联系起来。如果你对不同文化没有天生的兴趣，试着把跨文化工作和你个人爱好联系起来。如果你爱好艺术，试着发现不同文化的艺术表达方式；如果你爱好体育，看看在你需要面对的国家什么运动最受欢迎；如果你是个美食家，你可以想到的兴趣就更多了。如果你经营的是吃、喝、行的行业，把了解异国文化当作获取商业灵感的途径吧。

3. 接受各种可能的跨文化工作任务。跨文化的直接工作经验、向其他成功人士学习、边学边干都是增加跨文化自信的

第三章
CQ 动力:发掘自身潜能

重要方法。无论是否与工作有关,积累更多的跨文化经验对于提高 CQ 动力至关重要。[15]

4. 尝试当地美食。世界上大多数地方的美食越来越多元化,充满异域风情的选择也越来越多。试些新的菜系,尤其是到一个新地方旅行,尽量多尝试当地美食。遇到困难的情况,学着把食物切成小片、很快吞下去。但是,一定要吃!吃!吃!

5. 为了更崇高的目标活着。我们来到这个世界不只是要不断赚钱直到死去。有些人可以成就一番大事业,而其他人哪怕只能帮助另外一个人过得更好,也是积极的社会贡献。文化商的最终目的是为了让这个世界更美好。

第四章
CQ 知识（上）：了解重要文化差异

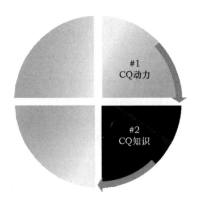

CQ 知识：我需要哪些文化知识？	
理解文化共性、文化差异	
CQ 知识较多的领导者	CQ 知识较多的领导者对文化具有丰富的、井然有序的知识结构，并且知道不同文化如何影响人们的思考和行为模式。他们知道不同文化的异同。

"我们今天晚上可不可以吃点正常食物？"和其他人一起国际旅行时，我常常听到这样的提问。但是这次提问的人是我四岁的女儿！我们一家当时住

第四章
CQ知识(上):了解重要文化差异

在新加坡,虽然西餐到处都是,我妻子和我都比较喜欢当地特色美食。盯着女儿明亮的蓝眼睛,我很快地反问道:"你想吃正常食物?没有比米饭更正常的食物。你知道世界上有多少人主食是米饭?这就是最正常的食物!"没等我继续说完,我妻子瞟了我一眼。我明白现在不是我和孩子们开始文化商讲座的时间。但是,我希望我的女儿们懂得"正常"是相对自己而言的。

民族优越感——用自己偏爱的文化标准来评价其他人和他们的文化——在很多人身上都可以找到。我们不可避免地从自己的文化背景和个人经验出发来看世界,但是忽略民族优越感对我们自身领导能力的影响却是CQ知识的最大漏洞。

大多数人都会低估受自身文化影响的程度,却往往更容易从别人身上看到。埃默里的提问用一种有趣的方式显示了我们许多人常用的假设判断:我自己的经历是最正常的、最好的。现在,她和我小女儿格瑞斯喜欢各种口味不同的美食,而且能很快找到我的文化盲点。最近,格瑞斯问我:"既然你的CQ高,是不是意味着你应该尊重我对乡村音乐的喜爱?"一针见血啊!

我们往往觉得某种食物或音乐"正常"而其他的就比较"出格",这样的想法有问题吗?倒也不是绝对的。但是,如果不知道文化是如何影响人们的思想和行为的话,这就不仅是不明智的,而且付出的代价也是沉重的。无论是《财富》500强企业,还是中小企业,过去的研究表明国际业务失败的主要原因是忽略了文化对人们思想和行为模式的影响。

在经历了八年的艰辛历程后，沃尔玛卖掉了85家在德国的卖场。各种新闻媒体对于这个在美国十分成功的零售巨头在德国的失败做出了多种解读，但是，大家一致认为，忽略美国和德国之间的文化差异是罪魁祸首。沃尔玛把在美国的成功经验原封不动地搬到了德国，无论是商品的选择、货品摆放、店门口的问候员，还是员工手册上的内容。它的失败就是一个活生生的不重视文化差异的经典案例。后果是，沃尔玛在德国市场损失了10亿美元。当然，随后它的其他国际市场战略变得更具有适应性，自然也就更成功了。[①]

即使一个企业不进行国际业务拓展，它的领导者如果不了解文化对人们思想和行为的影响，根本就不可能做好领导工作。畅销书《企业文化和领导力》的作者爱德加·席因（Edgar Schein）断言：文化和领导力是不可分的。他指出，文化规范很大程度上影响着领导风格的方方面面，比如什么样的员工应该晋升，如何定义成功以及如何激励员工等。他认为领导的首要任务就是创造并管理文化。他在书里提到，"领导者的重要能力就是能理解文化并能改造文化"。领导者常常会遇到企业文化、社会或族群文化的挑战。[②]千万别把文化理解成简单的保持政治正确和一些温暖而模糊的东西。文化决定了你的领导风格。

理解并能合理应对文化差异并不是人的本能。更好地理解

第四章
CQ 知识(上):了解重要文化差异

文化差异需要我们付出艰辛的努力。作为 CQ 的第二个能力维度,CQ 知识是指我们理解文化的内涵以及各种文化差异的能力。CQ 知识多的领导者也不等于是世界文化的活字典,因为那是不可能的。相反,他们往往拥有越来越多关于不同文化的宏观模式方面的知识,并且能区分哪些现象可以归结于文化差异,哪些是其他因素导致的(比如性格冲突或是权力斗争等)。

本章和下一章将讲述 CQ 知识的一些重点内容。过去的研究表明,CQ 知识有两个细分维度:一是概略性文化知识,包括文化体系、价值观和语言等差异;二是特定文化知识。③由于本书重点在于领导力,我们将侧重介绍领导力方面的文化知识。提高 CQ 知识水平需要从这两个方面入手。接下来,我们将先讨论文化是如何影响我们的思维、行为和领导风格的。随后讨论语言在理解文化以及跨文化领导方面的作用。我们还会阐述一些重要的文化体系和价值观体系。最后,我们将介绍十大文化价值维度。由于上述内容繁多,故将用两章来完成论述。本章主要讨论前三个方面:(1)了解文化对于我们自己和他人的影响;(2)了解不同语言;(3)阐述基本文化体系。第四个方面——关于文化价值观——的内容将放在第五章。

如何增加 CQ 知识

1. 了解文化对我们自己和他人的影响
2. 了解不同语言
3. 阐述基本文化体系
4. 文化价值观(第五章)

关键问题:为了出色完成这个跨文化工作任务,我需要哪些文化知识?

了解文化对我们自己和他人的影响

提高 CQ 知识水平的第一步就是认清文化如何影响我们思考、说话和行事的方方面面。文化是指将一个群体和另一个群体区分开来的信念、价值观、行为、风俗习惯和态度的总和。④或者更简单地说就是:"我们就是这样做事的"。

有一次,我的印度朋友卫杰(Vi Jay)带我到新德里看板球比赛。我以前也看过板球比赛,但总是看得糊里糊涂的。卫杰是个好老师,当球赛在闷热中开始以后,卫杰详细给我讲解基本规则、球门的用途、如何得分以及最后的胜利就在于让对方的击球手出

第四章
CQ 知识(上):了解重要文化差异

局等等。我不仅弄懂了球赛,而且还真被比赛的形势带着激动起来。如果我自己上场打,一定输得惨不忍睹。但是,当我观看板球高手们过招时,对于他们的赛事倒是有了更好的理解。

尽管许多领导力的培训课程和书籍都强调战略思维和理性决策过程,很多经验老到的企业家往往根据直觉来决策。正如前面提到的,这种做法往往在自己熟悉的文化里效果非常好。这并不是说这些企业家没有用战略思维。相反,他们在商学院学的东西在经过多年经验积累之后无形中被程式化了,从而使他们能够很快做出决断。但是,如果把这些潜在的经验路线推广到不同文化环境,就会出问题。就像一个足球运动员跑到板球场上还按照足球的踢法来玩一样。

不断提高 CQ 知识水平,你可以更好地理解一个新的文化环境中容易被忽略的东西。你需要理解特定文化背景的人们行为背后的逻辑,哪怕是不成文的和暗含的假设。这些特定的文化可能是某个族裔的文化、某个企业文化、某个政党的子文化或者宗教团队文化。对于这些文化的理解并不是要你像该团体成员一样行事,而是了解、欣赏你需要带领的人们在生活和社交中所信奉的规则和逻辑。

下面我们讨论领导者可能经历的不同层次文化。首先是国家文化,比如中国文化或者法国文化,它是对我们行为影响最强的文化层面。如果不出国门,我们往往体会不到国家文化对自己的影响有多么深远。身在异国他乡时,我们突然意识到和自己同一国家来的人竟然有那么多的相似性,而在国内时并不觉得。虽然一个国家内还会有不同的子文化,但国家文化往往是最能影响大多数人思考和行为方式的。

接下来就是不同的族裔文化。我想再次强调千万不要把一个国家的所有人都想成一个样子。许多国家内部有不同的族裔,比如南非有祖鲁人和阿非利卡人(南非白人);马来西亚有华侨、印度裔和马来人;美国有非洲裔和西班牙裔。多数领导者在自己国家往往都可以做到重视种族多元化问题,但是,他们可能需要进一步提高对其他国家的种族多元化的认识。美国以外的领导者往往搞不明白美国为什么对于非洲裔这么敏感,动不动就会有种族主义和偏见的嫌疑。我们用"非洲裔美国人"而不用"黑人"来描述这个族裔,往往会让一些非美国领导者感到费解。但是,如果你要在美国工作,了解美国的历史就可以帮助你了解非洲裔为什么有着不同于英裔美国人的价值观、行为和风俗习惯。

另一个文化层面是组织(企业)文化。我特别喜欢自己工作的原因之一就是可以接触不同行业和不同组织的文化。前一天和可乐公司的高管们一起工作后,后一天接着和脸书的大佬们共事。这样的经历让我觉得从一个企业到另一个企业真的需要"护照",尽管我并没有离开国境。给三星的高管讲课和给现代汽车的高管讲课也有同样的感觉。我必须在面对教授、学者们讲

第四章
CQ 知识(上):了解重要文化差异

座前调整自己,然后再调整自己以便能顺利地和一群教会领导交谈。CQ 知识的积累包括增加对不同组织如何庆祝成功、激励团队以及如何讲述组织的发展历史等方面进行全面了解。

我们每个人都属于多个子文化群体,包括不同年代出生的人们之间的文化差异、不同的性别取向、一个国家的不同地区以及不同宗教等。想想你所属的不同子文化对你自己的领导风格有何影响?我们不只是文化的被动接受者或者围观者,我们同时也是积极的创造者。许多领导者接手某个企业(或组织)时,面对的是不健康甚至是具有破坏性的企业文化。要改变这样的文化非常困难,但也不是不可能。我们对于自己所属文化既需要适应,反过来也可以影响这些文化。⑤

领导者最重要的作用之一就是意识到文化对自己和他人行为的影响。乔瓦尼·比西尼亚尼(Giovanni Bisignani)就是这方面的表率。他最近刚从担任了十多年的国际航空运输联盟(IATA)主席兼总裁(CEO)职务上退休。IATA 涵盖超过 90% 的全球航空客运市场。看到他热情、和蔼可亲的外表,一般人很容易觉得乔瓦尼就是一个有着丰富经历的好好先生。他是我见到过的最热情的人之一。和他交谈几秒钟之后,他就会让你感到很自在,和你建立个人联系,并和你分享与甘地夫人喝茶的故事以及他最喜欢的旅游景点等。但是这位热情的社交能手却是一个"霸气"的领导者,他喜欢挑战、具有不达目的绝不罢休的韧劲。

在领导 IATA 的十年里,他取得了如下成就:

- 自 2004 年起,他帮航空业节约了 540 亿美元。
- 他将一个几乎坍塌的组织变成了花旗银行全球最大的客户。
- 他让我们可以享受电子票、二维码登机牌和自助登机服务等各种方便旅行的服务。更重要的是,他让航空旅行成为世界上最安全的交通方式。
- 他让最不可能合作的对手一起合作:相互竞争的航空公司、民主国家的总统和独裁者、德国汉莎航空这样大的航空公司和津巴布韦航空这样小的航空公司等在他的领导下互相合作。
- 他将 IATA 从一个欧洲人和北美人把持的组织变成了 60% 的成员来自发展中国家,而且 65% 以上的收入来自中东和亚洲。

73　乔瓦尼知道文化在每个交往和谈判中无处不在的影响,因此,他给 21 世纪最艰难的工业——航空业带来了颠覆性变化。他还是许多看似不可能的国际合作的推手。他可能前一天和美国国土安全部秘书共进晚餐,第二天就去伊拉克帮助伊拉克航空弄到确保飞行安全的飞机部件。乔瓦尼的跨文化知识就像指南针一样带领他在进入每个会场时都会有备而来。

第四章
CQ 知识(上):了解重要文化差异

不是每个领导者都和乔瓦尼那样深知文化的重要性。杰夫是一个年销售额过十亿美元的制造企业的销售经理,在他第二次去广州前一周和我会面时说了下面这些话。杰夫是一个非常活跃的人,他一边不断上下抖动着双腿,一边用力敲打着桌子说道:"千万别误会!但是,关于文化的话题是否有些过火了?我觉得人就是人,生意就是生意。下周我可能需要吃些奇怪的食物,除此之外,我不觉得有多大的差异。"

我忍着没有打断杰夫,听他会用什么理由来自圆其说。浑身是劲的杰夫接着说道:

> 在我看来,每个人都想过上像样的生活、过得比别人好点。不管你是中国人、墨西哥人还是美国人,大家都一样。他们关心自己的孩子,就像你我一样。他们知道如何在这个竞争激烈的国际市场上取胜。而且每个人都想比别人做得更好。市场营销战略可能需要稍微改变一下,但是制造就是制造,销售就是销售,不管你在哪。你要么是这块料,要么不是。

如果只是旅行到大城市,住在全球连锁的品牌酒店,和那些专业服务于国际旅行者的当地人打交道,你自然会觉得世界上每个地方都一样。杰夫关于人类共性的说法也不是完全没有道理。但是,我们表达、实现这些共性的方式深深地受到文化和个体差异的影响。CQ 高的领导者的一个重要能力就是能够区分哪些影响来自人类共性，哪些来自文化差异或者是个体差异。这种洞察力来源于你的 CQ 知识积累。随着你更多地了解不同文化的行为规范，你就更能够鉴别哪些是某个人的个性决定的，哪些是一个文化中大多数人的共性。

  人们讨论文化的强大影响时往往会用冰山一角来形容。在我的冰山比喻中，人类共性的部分是冰山的顶部。正如杰夫所言，所有人都会有人类的共性，而且这些共性可以非常清楚地被看到。但是，当你更深入地看，就会发现大量文化差异和个体差异。这个比喻非常重要，我们在此后的其他部分还会重温这三种类别的人类行为（人类共性、文化行为和个体行为）。

人类共性

  我非常喜欢坐在繁忙的火车站或是购物中心看着人来人往。即使在一个全然陌生的地方，仅仅看到一个看上去父亲模样的人带着他的孩子们、一个身背行囊的旅行者或者一对情侣一起欢笑，我就会感到和他们存在某种联系。我们都有与生俱来的基本需求，还有相同的情感，比如恐惧、快乐和失望。认识到这些人类共性是让我们从陌生中寻找熟悉的第一步。但是，这只是冰山一角。

第四章
CQ 知识(上):了解重要文化差异

文化行为

当我坐在火车站,看到一个陌生男人带着他的孩子们,我可以感觉到作为父亲的某种共性,但是如果我凭此推论他和孩子们的关系应该是什么样的,我可能就会犯错误。或者正如前面所说的,用足球的规则来解读板球就会引起误解和混淆。我可能觉得自己是对的,但实际上却完全错误。

从图 4-1 中可以看到,有些文化元素是可见的。人们开车的方式、当地货币、宗教标识或者企业形象标识都是可以观察和辨识的。这些可见的文化元素存在于每个文化之中。但是,我们需要了解隐藏在这些可见元素背后的信念、价值观和假设等。在冰

人类共性

文化行为
　文化标识与文化体现
　　艺术、服装、食物、风俗等
　文化价值与假设
　　无意识的、自认为是天经
　　地义的观念、看法和感觉

个体行为

图 4-1 人类行为的三个层次

76 山下面的这些信念、价值观和假设往往决定着那个文化里人们的各种行为。

如果杰夫看不到中国伙伴和美国企业在思维方式和行为模式方面的巨大差异,他一定会遇到不少麻烦,也不可能在跨文化的商业合作中取得长久的成功。忽略多元文化队伍所带来的文化差异一定会让我们领导工作惨败。

以中国文化中的"关系"为例,我们就知道为什么杰夫需要知道他的所谓"人就是人"的态度在和中国企业合作中显得何等苍白。"关系"是指两个人之间的关联性以及由此产生的相互责任。关系首先存在于中国家庭成员之间,同学之间和同事之间由于共同经历也会产生关系。在关系发展过程中,各人松散地记录自己受到的恩惠和对方欠自己的人情。许多中国合作中都隐藏了这种关系,杰夫最好知道他广州的同事送给自己礼物可能是为了建立某种关系,而这样的行为在美国要么被视为贿赂,要么就是略表心意而已。如果他错误地解读了礼物的用意,可能会使得他的中国之行无功而返。

几乎所有和中国打过交道的人都会讲起中国人如何坚持把他们灌醉的故事。在一个关系决定着生意成败的文化里,和潜在商业伙伴一起喝醉往往会被视为巩固关系、确立朋友关系的重要手段。首先,一般情况下,工作晚餐由一方发出邀请,邀请人的领导职务和被邀请方职务相当。而且,邀请方会买单。有些传统的

第四章
CQ知识(上):了解重要文化差异

中国人一般会当面邀请或者电话邀请,而不是通过电子邮件或短信。电子邮件会被视为不够亲切,而且会留下书面记录。

和许多西方工作晚餐不同,中国的工作晚餐一般不谈工作,最多也就是在晚餐结束前轻轻点过,而且这时候大多数人可能都已经醉了,做决定基本不可能了。但是,千万别以为这是浪费时间。这是在巩固相互之间的关系。通过一起用餐,可以看出你是否值得信赖,看你在不清醒情况下的表现。他们会问你非常个人的问题,不要怕谈到自己的个人生活。而且,如果你们一直喝酒,就表明你们正在建立友谊。你喝得越多,你的中国同事越高兴,因为这显示了你愿意和他们像朋友一样同醉。中国人认为喝酒可以加深、加强友谊,因为酒让人放松,帮助人们消除芥蒂,即便有很大的误会。当然,有些时候对方让你过量饮酒是为了让你不堪重负。但是,这些做法的背后还是为了增进了解。

如果杰夫以为在中国是否出去吃饭和喝酒无关紧要,就像在许多其他文化场景一样,他可能就会犯大错误。即便他可能因为健康或宗教原因不能参与喝酒吃饭的活动,他至少需要知道做出不参加活动的决定意味着什么。我们会在有关CQ战略和CQ行动的部分详细讨论如何正确应用相关文化知识。

在这里我只是想强调文化差异深深地影响着我们如何领导、如何开展工作。前美国驻也门和阿联酋大使告诉我,他见证过无数美国销售人员川流不息地到波斯湾来销售产品或服务。但是,北美的销售人员经常输给英国、法国或者日本同行,因为北美销售人员往往来到中东还用同样的销售方法。其他国家同行则会花时间学习当地文化和当地语言,因此就从北美销售人员手中抢走合同。当然,这种情况也不是说我们北美的销售人员比其他国家同行差,而是说明学习一个市场的文化直接影响你的销售业绩。⑥

文化无处不在。它影响着你的领导方式,也影响着人们如何评价你的领导风格。随着对文化的更深入理解,你会更好地评估形势、做出适合企业和相关人员的正确决定。

个体行为

在冰山的最底部是个体差异。具有很高 CQ 的领导者能够区分人们的行为哪些是受他们文化背景的影响,哪些是个体差异所致。我身上有着许多北美男人的共性,比如雷厉风行、独立、偏好清楚而直接的交流方式等。但是,如果把我的其他特点推及到所有北美男人,可能就有失公允。比如,我往往好奇心超强、做事情一根筋。一个高 CQ 的领导者要学会分辨个人的习惯、特点和文化规范之间的区别。最好的方法是理解文化体系和价值观系统(随后详解)。学习、了解宽泛的文化规范后,你往往更容易辨识文化行为和个人行为。

最近有一项向 72 个国家的人们调查他们对美国的主要印象

第四章
CQ 知识(上):了解重要文化差异

的研究,有两项结果胜出:战争和《海滩游侠》(Bay Watch)。[7]不难理解为什么在"9·11"后世界上许多人都会将美国和战争等同起来。至于《海滩游侠》,它曾经是美国出口最多的电视节目。不过,后来被《老友记》(Friends)超越,后者每时每刻都有无数的观众在收看。[8]

我的许多美国朋友也不希望美国军事干预别国,而且我觉得也没有很多美国人看《海滩游侠》,就更别提看该节目的实时转播了。但是,这不能改变世界上其他人由此而形成的关于美国的印象,虽然这样的印象实在是失之偏颇。同样的,并不是所有中国领导者都想带人去喝酒,也不是所有千禧一代的年轻人都偏好灵活工作时间。

走向另一个极端也同样存在问题:我们也不能看到一个人的行为就推广到所有同类文化的其他人。一个加拿大的企业领导有一次对我说,"我注意到锡克教的印度人不喜欢出差。每次我让辛格先生(她的员工)到外地开会,他总是找各种借口不去。"我问她是否观察到其他锡克教的员工也有同样的情况。她说辛格先生是她雇用的第一个锡克教员工。可是,她由此推定所有锡克教都不愿意到外地出差。她把一个不熟悉、不能解释的行为归结到辛格先生的文化背景了。

在本书的后面章节,我们还会讨论如何用文化规范和价值体系作为理解他人的基础,但是一定要小心。CQ 高的人需要鉴别

80　人类共性、文化行为和个体行为。我们理解语言、文化体系和价值观,也就理解了冰山的中部。

了解不同的语言

几年前,美国牛奶协会在全国做了一个相当成功的广告宣传,口号是"喝奶了吗?"不幸的是,这句广告词到墨西哥后被翻译成了"你在挤乳吗?"⑨还有更多的类似例子。一个美国软件公司的名号被翻译成了"裤衩"后,躺着中枪。一个欧洲公司在美国怎么也卖不掉一种名为"丘疹"(Zit)的水果巧克力点心;一个芬兰公司的汽车车门防冻剂产品的品牌被翻译为"超级尿"。这种可笑的例子还不仅限于语言障碍。微软在世界上许多地区都遇到了阻力,因为它的"我的电脑"(My Computer)标志,似乎假定每个人都拥有自己的电脑。而且,它的"邮箱"和"垃圾桶"标志和全球大多数地方使用的邮箱和垃圾桶没有任何相似之处。⑩

几乎所有关于有效领导力方面的书籍都会强调准确、清晰的交流能力。交流的清晰性是所有文化都看重的领导能力。⑪无论是营销宣传、撰写备忘录还是向员工勾勒发展愿景,交流和文化都是息息相关的。有人说文化和语言本来就是一体的,比如爱斯基摩人有多个描述雪的词汇,但很少有关于热带水果的词汇。热

第四章
CQ 知识(上):了解重要文化差异

带地区的语言则刚好相反。人们在与生存环境斗争中不断发展自己的语言和文化。为了不断提高 CQ,我们需要了解交流和语言的基本规则以及语言和文化的关系。

有些人常用的托辞是"英语是全球商务的通用语言"。但事实上,英语只是世界主要语言中的一种,只有 5% 的人母语为英语。[12]能说多种语言的领导者比只会说母语的领导者具有优势,因为当你熟练掌握一种语言后,用这个语言交流和思考就会成为自主、无意识的行为。你不仅可以和其他人清楚地交流,还可以透彻了解使用该语言的人们是如何看待世界的。它可以让你透视事件的本质,而通过别人的翻译往往无法达到。通过让其德国分公司员工学习德语而增加和奔驰、宝马争夺市场的竞争力,英国汽车制造商捷豹公司领略了语言的重要性。通过一年的德语学习项目,他们销售量提高了 60%。[13]

如果你只会说自己的母语,最好开始找个初级课程或者找个老师学习一门外语吧。其实要找个人教你外语并不难。你甚至可以通过 SKYPE 找个免费的"笔友"来教自己外语。当然熟练掌握一门语言并不容易。开始学习外语往往会极大地增加自己的 CQ 知识。你可能发现自己开始学习外语后,领导工作更有创意。而且,能够用对方的语言说几个简单的词都是很有意义的。

即便是和其他英语国家的人一起工作,语言都是一个重要问题。北美、英国、印度和澳大利亚的不同表达方式和用语往往都会引起歧义。

同样的交流问题甚至在不同企业或者行业之间都存在。学者和商界人士交流时需要把学术名词"翻译"成公司用语。经常遇到一些在我完全陌生的行业任职的人士，比如医疗人员、生物化学家或者汽车制造商。我很快能看到文化商高的人会用我听得懂的语言来介绍他们所从事的工作，而文化商低的人会用一些我不知所云的行话和我交流。具有 CQ 知识的医护人员知道如何调整语言和非语言交流手段和患者家属讨论诊断结果，如何同其他同行讨论患者病情。具有 CQ 知识的人知道我们的语言是不同文化环境的产物。

我担任董事会主席的非营利组织前七年都非常成功，但是接下来的三年无论是活动数量还是收入状况都持续下降。我们请的咨询专家在和工作人员以及重要人员交谈后发现，该组织对任何和"公司"沾点边的事情都很反感。事实上，一个商界领导比喻我们的组织文化就像是对"公司"之类的词汇打了"抗生素"一样。我们当时正在换新领导，通过应用文化商，我们将组织的 CEO 名头换成了"队长"。当然，如果我们只是把头衔换一下，组织的"反公司"文化问题不可能从根本上解决。从选择能和组织成员产生共鸣的头衔用语开始，我们朝着建立适合该组织文化的领导集体方向迈出了重要的一步。

第四章
CQ知识(上):了解重要文化差异

正式或非正式交流是领导者最重要的工作。许多企业、组织的问题都来自于人们没有用增进相互理解的方式来沟通。后面讨论CQ行动时,还会回顾如何根据不同文化背景选择合适的语言。

阐述基本文化体系

了解文化差异的另一个重要方面就是理解不同的文化体系。文化体系是我们为了满足基本需求和社会秩序而形成的社会体系。如果不仔细考察,这些体系的重要性往往会被忽略。大多数领导者都需要了解这六大体系:经济体系、婚姻家庭体系、教育体系、法律体系、宗教体系和艺术体系。

经济体系:资本主义和社会主义

每个社会都必须满足成员对食物、水、衣服和住房等基本的生活需求。了解一个文化如何生产、分配基本资源对于提高文化商至关重要。我们大家比较熟悉两个主要经济体系——资本主义体系和社会主义体系(见表4-1)。其实许多经济体系是这两个体系的混合体。

表 4-1　经济体系

经济体系	
满足社会成员对食物、水、衣服和住房等基本需求的一种组织方法。	
资本主义体系 根据个人的支付能力来获取资源和服务；市场决定一切。	**社会主义体系** 通过中央计划和控制来协调、实现基本资源的生产和分配。
对领导者的启示	
• 了解主要经济体系如何奖励个人的努力。资本主义社会体系中，竞争往往是更有效的激励机制，而合作在社会主义体系中更为有效。 • 了解具体地区的哪些行业是国营、哪些是私营。同时注意，有时私营企业也会有国家投资的存在。 • 将企业拓展到不同的经济体系时，注意调整人力资源政策，包括医疗保险、养老、业绩评估和合理报酬等方面。	

美国和新加坡等实行资本主义，基本原则是人们根据他们的支付能力来获取资源和服务。资本主义假定人们都有自我奋斗的愿望，而市场可以满足这一需求。竞争对消费者有利，所以对整个社会也就有利。

而另一个极端就是丹麦和新西兰等实行的经济体系。国家在基本资源的生产和分配方面起到更为积极的作用，以确保社会的每个成员平等获取基本资源的权力。大多数人对哪个体系更好会有自己的看法，但是我们必须知道正确分配产品和服务的方法不是只有一个正确选项。不同文化如何解决经济问题的选择存在各种各样的可能性。你不需要成为经济体系方面的专家，但

第四章
CQ 知识(上):了解重要文化差异

是基本理解经济体系的差异有助于你和其他文化开展谈判、建立工作关系。表 4-1 列出了这些文化差异对于领导者的启示。

婚姻家庭体系:血缘与核心家庭

每个社会都会发展出决定谁和谁结婚的体系,在什么情况下结婚以及遵循什么程序。许多文化对于照顾幼小儿童的体系往往比较标准化。而家庭系统一般分为两种:宗族体系和核心家庭体系(见表 4-2)。世界上大多数社会是以血缘和家族团结为基础的宗族体系。例如,与比尔·盖茨和巴菲特结盟(捐赠给穷人)相比,一个中国的慈善家往往更关心如何捐赠给家人和继承人。一个中东的高管可能更重视商业伙伴是否了解自己家族或者和自己家族有联系,而不是具有了不起的资历。血缘宗族制度(数代同堂)里,你的身份地位是由你的基因联系来决定的。宗族体系往往由三代或三代以上家庭组成。南非或阿曼这些典型宗族体系地区的领导者,往往在初次见面时都会花时间搞清楚对方和自己的宗族联系。

相反,核心家庭体系,也称为姻亲体系,在西方世界和中产阶级社会中较为常见。家庭由两代人因婚姻关系组成,包括父母和孩子,随着父母双方的过世而解散。基于核心家庭的社会往往比较容易进行员工调动。个人的身份地位往往和直接家庭以及自己的职业相关,而和延伸家庭没有多大关系。核心家庭体系重视

87 父母和孩子的关系、夫妻关系和兄弟姐妹关系。婚姻家庭体系深刻影响着员工如何进行工作选择、如何吸引消费者等。

表4-2 婚姻家庭体系

婚姻家庭体系	
一个规范人们婚姻以及照料老人和小孩等的社会体系。	
宗族体系	**核心家庭体系**
家庭的身份地位由过去的几代人决定,一般三代或超过三代同堂。	由两代人依据婚姻关系确立,主要由父母和子女组成。
对领导者的启示	
• 预期在宗族体系里人们初次见面可能会谈论兄弟姐妹、叔叔伯父和祖父母等。了解对方父母的职业非常重要。相反,在核心家庭体系,人们往往把重点放在对方的职业和公司职务上。关于家庭的谈话往往会被视为个人隐私,只有在相互了解后才开始谈论。 • 来自核心家庭体系的领导者和宗族体系的同事、员工共事时,要记住给他们足够自由来履行家庭责任,而这一点对于吸引、留住人才非常重要。 • 来自宗族体系的领导者和核心家庭体系的同事、员工共事时,要知道他们可能没有兴趣在初次见面时打听或谈论延伸家庭成员的事。	

理解这种相互抵触的家庭社会模式对于领导者来说越来越重要。随着我们的年长者寿命增加,以及越来越多的男人分担照顾孩子的责任,理解一个文化对于家庭的处理方式就越来越重要。事实上,家庭体系被广泛地认为是一个领导者最需要了解的文化体系。但是,一些领导往往不以为然。[11]想想为什么家庭体系的基本知识可以帮助一个西方领导者和华裔家族企业进行合

第四章
CQ知识(上):了解重要文化差异

作谈判;在北京、雅加达、吉隆坡和新加坡等城市,大多数成功的企业都是华裔家族企业。这些公司一般由家族创始人管理,他拥有最高权力,再加上一小部分家庭成员和亲信的帮助。当老板退休后,企业一般传给下一代。这些公司很少让外人掌权,往往也只有家庭成员才会成为董事会成员。[15]对于中东地区的跨国公司而言,与酋长家族有关联或是为酋长老家捐过款的当地合同商对于获得酋长的合作和批准非常重要。可见,婚姻家庭体系对于你如何跨国界领导至关重要。表4-2列出了一些需要你思考的问题。

教育体系:正式和非正式教育体系

每个社会都会建立一套体系让老一辈成员将他们的价值观、信仰和行为传授给下一代。社会教育体系的核心就在于教育、教化年轻人(见表4-3)。世界许多地方都建立了由学校、书本和经过培训的老师组成的正式教育体系。但是,即使在许多发达地区,如南非、以色列和日本等,来自家庭长辈的非正式教育也扮演着重要角色。不同教育体系的重要差异之一就是强调机械教学、要求学生背诵知识还是强调探索发现问题的能力。在设计培训项目时,要记住这个教育体系的重要差异会影响学员如何学习、如何接受培训项目。仔细考虑你派去的教员年龄,因为有些文化背景希望看到年长些的老师。

表 4-3　教育体系

教育体系	
一个社会的长辈将自己的价值观、信仰和行为传授给下一代的模式。	
正式体系	**非正式体系**
用学校、书本和专业老师来教育下一代。	强调将人生智慧从延伸家庭成员、父母和兄弟姐妹传授给年幼者。
对领导者的启示	
<ul><li>根据不同文化的教育体系和偏好来设计、调整员工培训项目。有些教学方法对某些文化背景的人来讲,非常陌生或者使其不舒服。</li><li>尽量了解一个文化更认同学院式研究还是实际经验。这样的理解直接影响你如何奖励员工、谈判和如何显示直接工作的价值。</li><li>在破解一个迷思或是提出新观点时,要知道一个文化所依赖的社会化手段(比如,是通过直觉经验还是学术研究)。</li></ul>	

亚洲的领导者往往对西方人在记忆和复述信息方面的局限性感到沮丧。他们觉得西方人很难把单个问题组合成一个整体。西方领导者同样会在试图让东方同事分析问题时颇感挫败。了解教育体系和教育方法的异同往往有助于我们组织会议、建立合作关系以及招募、培训和培养人才。

法律体系:正式和非正式的管制体系

许多文化都会发展出一套维持社会秩序的体系以确保公民权利不被侵犯。这就是和当权政府紧密结合的法律体系。像美国这样的国家有宪法和联邦、州和当地法律组成的正式法律体系。许多小的、技术相对落后的社会也会制定有效的行为约束机制,尽管形式上不正规、比较简单。

第四章
CQ 知识(上):了解重要文化差异

许多企业对一个陌生地方的管制体系缺乏了解,导致他们在处理和当地员工和官员关系时非常吃力。领导者常犯的错误就是以为其他地方的政府管理体系和自己国内的一样。另外一个常见错误就是以为别人的法律体系是腐败的、次等的,因为和自己国家不相同。理解、尊重一个社会的法律体系可以有力地促进在这个社会开展的各项工作。

同样重要的是,在一个国家内部可能还存在诸多差异。例如,中国中央政府有全国立法,同样还有大量的省、市级立法。许多其他国家也存在不同的地区、省或地区性法律。有时候,一个社会的法律适用于不同族群还会用不同的标准。透彻了解所有的法律体系当然没有必要,但是了解法律体系对我们如何开展工作却是非常重要的。表4-4 就是一个很好的开始。

表4-4 法律体系

法律体系	
用来保护公民权利的社会体系。	
正式 基于正式的宪法和其他法律而形成的体系。	**非正式** 基于社会传统习惯而形成非正式的、简单的约束体系。公民和访客需要了解、遵从这些规则。
对领导者的启示	
• 雇用当地专家来处理政府和法律问题。 • 花时间学习与工作有关的当地法律规定。 • 了解不成文的该做和不该做的事情。例如,给政府官员送礼在某些文化里非常重要,而另外的文化可能会视其为违法。	

宗教体系：理性色彩与神秘色彩

为什么不幸会降临到好人头上？为什么醉酒驾车的司机没死而无辜的人却死了？为什么有人可以从海啸中逃生而有的人却不幸遇难？

每个文化都会发展出一套解释这些看似无法解释的现象的文化。虽然无法达成共识，所有社会都有各种各样的超自然信仰和宗教来解释这些人类无法理解的事情。当然，即使在大多数文化内部，个人信仰和宗教信仰也存在着巨大差异。一个社会在试图解释这类现象的过程中发展出来的体系的本质区别在于：它在多大程度上采用理性、科学的方法还是采用更灵性、更具有神秘色彩的方法。理性方法更强调个人责任和个人努力，而神秘方法更相信超自然力量(有善良的，也有邪恶的)。

宗教和超自然信仰对人们的工作态度有着深刻影响。被称为社会学奠基人的马克斯·韦伯分析了新教和资本主义的关系，他认为资本主义在一定程度上起源于西方社会盛行的新教所推崇的工作态度，包括刻苦、勤奋、节俭从而积累更多资本。这样的工作态度有利于社会发展。一个指导原则是：如果人们不努力工作，一个社会是无法维持的。⑯

相反，伊斯兰教重视接济穷人，有着非常严格的教义确保人们不能通过剥削穷人来获利。因此，许多伊斯兰银行禁止收取贷

第四章
CQ知识(上):了解重要文化差异

款利息,因为利息被视作剥削穷人的手段。在伊斯兰地区做生意的企业往往会收取一次性的费用而不是通过收取利息的方式。非伊斯兰企业在伊斯兰地区做生意显然需要对这些伊斯兰习惯有基本的了解。[17]

有一个法国企业在泰国租了一间比泰国佛像还高一层的办公室。几个月下来,发现几乎没有什么生意,后来才意识到他们犯了一个禁忌:不能把你放得比佛还高,真的!搬家后生意马上就好了。一个日本跨国公司也犯了忽视宗教信仰的错误。该公司决定在马来西亚郊区一片废弃的土著人坟地上盖工厂。工厂盖好后,大量马来籍工人开始出现歇斯底里症状,许多员工说自己被鬼魂附身。这些员工认为在坟地上盖工厂惊动了鬼魂,鬼魂因此在工厂里到处游荡。[18]

千万不要低估宗教信仰和宗教习惯对工作的影响。作为一个西方领导者,往往会被认为是基督徒,不管实际上是不是。如果能够和其他信仰的领导者真诚对话,往往会被认为是尊重对方宗教信仰的表现。从宗教虔诚的环境到一个更世俗环境的人,一定要注意自己的许多看法可能深受宗教影响。你也大可不必抛弃自己的信仰或者假装自己有信仰来向对方传递欣赏之义。文化商高并不意味着你需要放弃自己的信仰、价值观和设想。相反,我们需要在理解并尊重他人信仰和生活目标的同时,用合适的、尊重的、有效的方式表达自己的价值观和理念。

表 4-5　宗教体系

宗教体系	
一个文化对于不能解释现象而发展出来的超自然体系。	
理性色彩	**神秘色彩**
强调对超自然现象做出有根据的科学回答；重视个人责任和工作态度。	强调超自然力量（善良的或邪恶的）对我们日常生活的控制。
对领导者的启示	

- 在和他人讨论宗教信仰时要秉承尊重的原则，了解对方宗教方面的禁忌。警惕做出冒犯对方宗教信仰的举动。
- 虚心学习宗教信仰和超自然信仰是如何影响某个文化的企业或者组织在财务、管理和市场营销方面的决策的。
- 关注重要的宗教节日。避免在中国清明节或是印度屠妖节开张生意，也不应该在中国农历新年或圣诞节期间安排重要会议。

艺术体系：泾渭分明型与流动型

最后，每个社会都会有自己的审美标准，具体反映在装饰艺术、音乐、舞蹈、建筑甚至城市、社区的规划上。我们可以从不同的角度讨论艺术，比如观察一个社会的审美角度可以从线条是否分明、界限明确还是更具有模糊、流动性等入手。许多西方文化更偏好泾渭分明而东方文化则偏向流动而模糊的线条。

大多数西方家庭的厨房抽屉都会将刀叉分开、整齐摆放。房间颜色也会统一，如果颜色需要有些变化，一般都会在角上或者沿着墙中间的某个地方直线展开。墙上的接缝处会有边条包住，

第四章
CQ 知识(上):了解重要文化差异

草坪和路之间的界限也会泾渭分明。为什么?因为西方人认为生活需要分类、分群、分组。而清楚本身是用秩序来界定的,和干净卫生无关,而是关乎东西是否放在了该放的地方。

西方文化非常看重泾渭分明,一旦不同类别开始混淆,他们会厌恶这种嘈杂感。[19]许多西方人希望草坪上没有蒲公英,道路清楚标注哪里可以走、哪里不可以走。男人系着领带去听交响乐而他们的交响乐有七个音阶、五个半音,每个音阶都有固定的音高[20]而一个好的表演就体现在音乐能否精确地踩在点子上。

相反,许多东方文化对于清楚的界限和分类并不在意。一面墙上可以涂上不同颜色,而且这些颜色还会"溅"(延伸)到窗玻璃和天花板上。一顿美食就在于将许许多多的调料混合在一起烹制。将食物放在一个大盘子共享也是非常常见的。随着交通流量的变化,道路的界限时分时合。在柬埔寨和尼日利亚,道路来去的空间在一天之内的任何时候都可以随着车辆需要来改变。行人和车辆往往会共用一条路。

一个地方和另一个地方的审美差异可能表现在很多方面。文化商模型强调对一个文化的审美有基本的了解。用心体会一个地方的艺术并将其融合进自己的国际商务战略。在设计网站时,需要采用该文化常见的色彩、浏览方式和文化符号。不要仅仅把宣传册或者用户手册翻译完了了事,还要看看是否需要调整设计和版面编排等。当然,根据每个文化对每个材料都进行重新设计也是不现实的。但是,了解一个文化对于设计和美学标准的影响是十分重要的。详见表4-6。

表4-6 艺术体系

艺术体系	
反映在装饰艺术、音乐、建筑、网站设计和城市设计中的一个社会对于美的定义体系。	
泾渭分明型 偏好清楚、严格的界限,强调准确和直线性。	流动型 偏好更流动、模糊的界限,强调流动和灵活性。
对领导者的启示	
<ul><li>考虑是否需要改变网站色系、浏览逻辑和图标。在一个文化里非常清楚的浏览逻辑到另一个文化可能会让人觉得混乱。</li><li>认真考察图标在特定文化中意味着什么。别以为符号和图标可以适用所有文化。</li><li>认真学习哪些文化符号是不能触碰的。例如,在中国滥用石狮子或长城等文化符号可能会让你的威信扫地。</li></ul>	

了解这些基本的文化体系以及各个文化之间的差异有助于增加CQ知识。如果不花时间来关注这些体系,我们往往会忽略这些文化体系的重要性以及它们对我们工作的影响。

第四章
CQ 知识(上):了解重要文化差异

总结

CQ 知识的积累从了解文化对于人们思想、态度和行为的影响开始。首先,我们需要鉴别哪些是人类共性,哪些是特定文化思想、态度和行为,哪些是个人思想、态度和行为。接下来,我们需要了解语言的重要性,并对相关文化的经济、家庭、教育、法律、宗教和艺术体系等有基本的认识。下一章,我们接着讨论 CQ 知识的另一面:文化比较之十维度。

第五章
CQ 知识(下)：文化比较之十维度

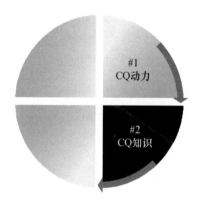

让我们继续 CQ 之旅。第四章谈到 CQ 知识就是反映你对于文化和文化差异的理解程度，具体从三个方面阐述了增加 CQ 知识的途径：(1) 了解文化对自己和他人的影响；(2) 了解不同语言；(3) 阐述基本文化体系。本章将接着介绍第四个 CQ 知识的细分维度：文化价值观。

不难发现，文化价值观和第四章讨论的文化体系(经济、审美、法律等)存在紧密联系。文化价值观

第五章
CQ 知识(下):文化比较之十维度

在过去的跨文化领导力培训中强调最多。比如,墨西哥人和德国人相比,在对待时间、权威方面有什么不同? 文化价值观是 CQ 知识最为重要的内容之一。

因为过去有许多关于文化价值的著述[1],在此我仅仅希望将和 CQ 研究紧密相关的一些文化维度做一个总结。在此,我还是要强调:千万别模式化! 认为所有挪威人都喜欢直来直去,或者所有韩国人都喜欢等级制等等。将整个文化群体片面描述成负面的形象(比如,"什么、什么人都懒惰、腐败")是绝对错误的。

只要我们抱着开放的态度来接受同一个文化中存在着个体差异(一些拉丁裔比其他拉丁裔可能更关心准时赴会的问题),用文化习惯来帮助我们建立初步的交流预期还是有可取之处的。这种开放态度有助于我们区别文化行为和个体行为(见图5-1)。

个人主义与集体主义

我的大女儿正在决定去哪里上大学。我和妻子在整个过程中会给她指导,但是,最终的决定一定是她说了算。这就是个人主义的表现:在孩子很小的时候,父母教会他们如何做决定、对自己负责、追求自己的梦想。一些集体主义文化的朋友很难理解为什么我们不能告诉埃默里去上哪所大学。集体主义的文化里,父母会影响孩子在哪上大学,而且这个决定会根据整个家庭的需要来定。

个人主义和集体主义的核心区别在于身份认同。从个人主义文化出发,如果一个决定影响到你,你就应该自己做出决定。个人主义常见于美国、德国、澳大利亚等地区。集体主义常见于亚洲、非洲和拉丁美洲(加起来是世界上人数最多的文化区域)。从很小开始,集体主义的孩子就学会不要别出心裁,因为这样会吃亏,给家庭带来荣耀、和社会和谐共处往往备受推崇。

麦当劳在集体主义的印度开业之后不久,就很快意识到需要改变"本月荣誉员工"的做法。在个人主义的文化里,因为卓越的工作而被单独表扬往往能鼓励员工更加努力工作。但是,在每个人从小接受要随大流思想的影响下,被单独表扬可能会适得其反。麦当劳后来做了明智的改变,建立了以团队或餐馆为单元的奖励机制。理解一个社会是以个人还是团队作为自己身份认同的主要依据往往是高 CQ 领导的必修课。

在个人主义文化里,人们的生活节奏往往很快,决定做出的速度往往也很快,并且会觉得其他人理所当然地需要迅速做出决定。人们不会严格区分团体成员和非团体成员。在集体主义文化里,对一个团队(往往是家庭成员、朋友或者有时候是同事)的忠诚至关重要。社会和谐是人们普遍追求的重点。有人说过,如果马斯洛是中国人,他的"需求层次说"一定会将社会和谐而不是自我实现,放在最上层。

第五章
CQ知识（下）：文化比较之十维度

世界上绝大部分人都属于集体主义文化，但是领导力方面的著述往往由个人主义文化的作者撰写，以个人主义文化的读者为对象。随着更多的亚洲、拉丁美洲和非洲的作者逐渐发表更多有关领导力方面的见解，我们将会更多地了解如何在集体主义文化中担任领导工作。就目前看来，我们需要提醒自己：大多数领导力方面的见解都需要根据集体主义文化的需要做调整。了解个人主义和集体主义对领导力的影响是增加CQ知识的重要部分。②

表5-1　个人主义与集体主义

个人主义	集体主义
强调个人目标和权利	强调集体（团队）目标和人与人之间的关系

个人主义	居中	集体主义
英语区 日耳曼欧洲文化区 北欧区	东欧 拉丁欧洲文化区	阿拉伯地区 儒家文化区 拉丁美洲 南亚 下撒哈拉非洲区

| 关于十个文化区域的具体描述，请见附录一。注意：许多国家都有多个文化群（比如，北美区的主流文化为英语区文化而中国的主流文化是儒家文化，但是两个地区往往也会有其他子文化群体的存在），这些文化区域描述仅作为了解世界上几个大文化群的基本参考 ||

如何领导个人主义	如何领导集体主义
• 个人利益和目标作为主要动力 • 合作关系基于一到两个人，而不是基于一个团体和其他团体	• 集体目标作为主要动力 • 长期关系非常重要

103 权力距离

一天早上,我在印度新德里准备一个领导力研讨会。下面是我和主办方负责人萨嘎的对话:

大卫:培训材料都印好了吗,萨嘎?

萨嘎:是的!就在隔壁的印刷所。他们需要送到这里来。

大卫:太好了!我去隔壁拿过来。

萨嘎:不!不!我派个人去拿。

大卫:萨嘎,你真好!我真的不介意。长途旅行后我正好需要走动走动。没问题的!我这就去隔壁拿。

萨嘎:你在这等吧。我们先喝茶,有人会送过来的。

萨嘎是不是想做个"得体"的主办方?我应该坚持自己去拿材料还是我可能太专注于工作任务,而忽略了萨嘎想和我喝茶的要求?或者,他可能是没有把材料准备好,出于面子考虑而不让我去拿?上面的各种理由都有可能解释为什么萨嘎不愿意让我自己去取资料。在后面讨论 CQ 战略时,我们将更具体论述如何解读这样的情况。在向几个印度同事请教,并且阅读了更多关于

第五章
CQ 知识(下):文化比较之十维度

印度文化习惯的资料后,我意识到我和萨嘎对于是否应该由我亲自去取资料问题上的分歧很大程度上和权力距离有关。

我显然没有留意萨嘎对于等级的重视。一个权力距离高的文化,认为有人就是专门递送材料、搬运书籍的,而另外的人则应该讲课或者当高管。如果让我亲自去拿材料,可能会让萨嘎觉得怠慢了讲座老师。而且,这样会让人觉得对教育的重视程度不够。顺便说一句,那些材料准时被送到了。③

权力距离指的是领导者和下属之间的距离。墨西哥、印度和加纳等国家在权力距离方面分值很高,这些国家往往对领导者非常尊重,人们梦想得到高级职位和地位,领导者和下属一般不会交往,下属不应该对上司有怀疑。权力距离反映了社会对权力和地位差异的接受程度,也规范了权力形成的基础和权力分配的架构。

权力距离的文化差异不仅仅存在于不同国家之间,也会存在于其他文化背景,比如不同出生年代、不同职业和不同企业文化之间也会存在着权力距离方面的差异。下次你到一个公司访问时,可以留意员工如何称呼他们的上级、他们的穿戴、你是如何被介绍给职务较高的领导以及办公室是如何分布的。这些都能显示公司内部的权力距离。当你到一个新公司面试或者到一个新的文化环境里访问新客户时,千万别忘了观察这些重要的现象。

从权力距离高文化里来的人到美国后,看到人们对于有钱有势人物的态度往往会感到奇怪。一个从印度来的工程师回忆道:

"当我的北美上司第一次告诉我'我也不知道'时,我震惊了。我问自己,'那他为什么还是负责人?'在我的国家,上司宁愿给个错误的答案,也不会承认自己不知道。"

一个从印度尼西亚(另一个权力距离高的国家)来的国际学生这样描述她在美国大学学习的经历:

> 当我从惠体尔(Whittier)大厅出来时,大学的副校长帮我把门撑着让我先走,我当时懵了。我无法用语言表达感激之情,几乎都要跪下了。这要是在我自己的国家,我可能真的就跪下了。一个那么高职务的人给我,一个普通学生,撑着门?④

一般认为加拿大、德国、芬兰、奥地利和以色列等国家的权力距离比较低。在权力距离低的文化,人们和上司社会交往时往往比较自然,把他们当成是同事。下属也可以自由地向经理人员质疑,希望能在决策过程中参与进来。⑤

根据不同的价值取向,我们往往需要调整领导风格。我自己偏好参与式领导风格(权力距离低),不会强调身份地位,而且每个人的意见都会同等考虑。我也不喜欢用正式的职称,组织结构越扁平越好。我深知自己的领导风格深受自身权力距离低的文化背景的影响。同样的,我也知道高权力距离文化对于其他人领导风格的影响。在高权力距离文化里,下属认为领导应该告诉自己具体做什么。如果我坚持"民主式"领导风格,至少在印度我

第五章
CQ 知识（下）：文化比较之十维度

需要创造性地让这种"民主式"领导风格奏效，同时也需要认识到各种领导风格都有可能非常有效。

穿梭于中东地区和西欧地区之间，我往往会经历不同的权力距离。同样，从美国政府机构和军队的自上而下、权力等级分明的文化跳转到和脸书高管互动，我也曾感受到不同的企业文化中权力距离的差异。脸书的员工认为企业是反等级制、反职务分层的。最近和脸书负责领导力建设的部门经理比尔·麦克罗汉面谈时，我问他低权力距离的企业文化在脸书全球化进程中该如何应对。

我对比尔说：

你把脸书的企业文化描述为反等级制、快速、自治、不要推卸责任、冒险等。这些价值观和许多发展中国家的核心价值是刚好相反的。你在建设全球领导力方面时如何处理这些矛盾？

比尔答道：

你说的绝对在理！我知道这些矛盾。我们已经在一些团队中发现了这个问题。我们想在全球寻找能够同时兼顾脸书和当地文化的员工。如果不能二者兼顾，就无法成功运行。

如果我们偏离企业的核心文化，我们就不再是脸书了。但是，我们也意识到你说的矛盾。我们明年的工作重点就是建立高效的团队以能够有效利用世界的多样性,从而对世界做出更大贡献。⑥

这样的态度正是我们希望看到的。通过了解不同的文化价值观来调整自己的观点和自觉地应用这些知识来指导自己的工作。领导者和企业可能决定不调整自己的做法,但是在做出这样的决定前,我们首先必须认识到各种不同的领导方法和权力距离都有可能是好的选择。最佳的领导方法取决于企业、下属和具体的工作任务。

表 5-2 权力距离

低权力距离		高权力距离
强调平等、分享式决策		强调身份地位差异、由上级做决定
低	居中	高
英语区 日耳曼欧洲文化区 北欧区	儒家文化区 东欧* 拉丁欧洲文化区* 下撒哈拉非洲区	阿拉伯地区 拉丁美洲 南亚*
关于十个文化群的具体描述,请见附录一 *表明区域内存在较大差异		
低权力距离文化区的领导 • 不重视正式的等级 • 创造条件来让员工质疑、挑战权威		高权力距离文化区的领导 • 仔细遵循决策链 • 不要质疑、挑战权威

第五章
CQ知识(下):文化比较之十维度

不确定性规避

不确定性规避反映人们对未知或无法预测的结果的容忍程度。不确定性规避高的人对于模糊和不确定性感到不舒服,因此他们会力图降低模糊性、提高可预测性。例如,领导从德国、日本或新加坡(这些地区具有较高的不确定性规避)来的员工时,往往需要清楚地告诉他们具体什么时间完成、如何完成工作任务。如果简单地告诉员工准备一份提案,往往会让不确定性规避较高的员工感到无所适从。

相反,在英国或沙特等不确定性规避较低的文化,人们不会因为未知或无法预知的未来而退缩。开放式的指令、用不同方法来完成任务以及灵活的任务期限都比较常见。这些地方欢迎模糊性和不可预测性,而不喜欢严格的法律和规章,容易接受其他人的不同意见。⑦

不确定性规避也是区别两个看起来十分相似文化的重要方式。例如,德国和英国有许多相似性:都属于西欧地区、在德国统一前人口结构相似、英国王储也是德国后裔。但是,了解不确定性规避的人往往会很快发现法兰克福和伦敦的生活存在很大差异。准时、结构和秩序是德国的标准模式,而英国人在时间和截止日期方面往往更松散,也比德国人的精准性要求低。这些区别在很大程度上源于他们对于未知的不同态度。当然,请再次记住我反复强调的道理:不要认为一个文化的所有人都是一样的。不是所有德国人和英国人对于不确定性和风险都有相同的态度。了解人们对于模糊性和未知的容忍程度的差异往往是我们预测自己的领导风格是否有效的重要开始。

我在新加坡工作了很长一段时间。有些研究错误地把新加坡归为不确定性规避较低的文化。如果是这样,新加坡人就应该和英国人一样能够坦然面对模糊性和开放式的结论。尽管新加坡都市化程度高,有多元价值取向,但新加坡的主导价值取向依然是仔细计划、准备多手备份方案。[⑧]我在新加坡讲座前往往会被要求解释具体的讲课内容,次数多达12到15次。即使在我已经尽最大努力清楚地解释过具体内容后,我还会被要求进一步解释。我妻子和我在新加坡居住时,当地的父母经常提醒我们不要让孩子在公园的运动场上爬上爬下。他们对于风险的规避态度似乎让他们在孩子玩耍的选择上极端谨慎。不管是投资、探索不同宗教信仰还是教学方法,新加坡文化都更倾向于界限和可预测性。新加坡人认为高度介入的政府以及数量众多的法律是为了安全和确定性而付出的必要代价。这也并不意味着不确定性规避高的人们避免所有的风险。事实上,新加坡和德国都是追求创新技术和创新研究的领导者。但是,不确定性规避高的文化往往对于风险进行认真计算和规划,而不是像不确定性规避低的文化把它当成生活中不可避免的一部分。

表 5-3　不确定性规避

低不确定性规避		高不确定性规避
强调灵活性和调适性		强调计划和可预见性
低	居中	高
英语区 东欧 北欧区	阿拉伯地区 儒家文化区* 日耳曼欧洲文化区 南亚* 下撒哈拉非洲区	拉丁美洲 拉丁欧洲文化区
关于十个文化群的具体描述,请见附录一 *表明区域内存在较大差异		
低不确定性规避文化区的领导 ● 避免教条式的结论 ● 邀请员工共同探索未知领域 ● 鼓励他们自己做主并随时通知你		高不确定性规避文化区的领导 ● 给出明确的指令 ● 制定正式的程序和政策 ● 让员工先提建议,并给予反馈和支持

合作与竞争

下一个文化导向是合作与竞争。以合作为导向的文化强调通过相互关心和相互支持来实现目标。相反,以竞争为导向的文化强调成就、成功和相互竞争。两个文化导向都强调达到目的,只是实现过程不同。

另外一个考察这一文化差异的方法就是想想你在看政治辩论时的感受。你是否喜欢看到你偏向的候选人具有攻击性、挑战性并擅长打击对手？或者你更希望你偏向的候选人具有合作性、兼容性以及对对手恭敬？当然，你的候选人一定要立场坚定、有脊梁骨。但是哪种风格和口气更能赢得你的尊重和信心呢？

泰国、瑞士和丹麦等国家合作导向偏高。这种导向反映在他们在处理生意和国际关系上。虽然他们也强调国家利益、生意结果和利润，但是他们相信最好的实现手段是合作。许多北欧公司在挑选经理时都会强调这些人选是否能够提出和其他公司/团队合作的方案、能否建立相互合作的团队等。在一个合作型社会，巨大的成就和成功往往不是一个人的领导才能或者是个人的聪明才智带来的，而是一个团队共同努力的结果。

相反，竞争性文化强调超越别人。学校的学生成绩单可能会简单评论该学生和其他同学相处的情况，但是重点还是这个孩子的功课表现。竞争性文化的指导原则是"物竞天择"，越强的人越能胜出，所以你必须自强。竞争迫使你不断创新、不断适应、不断成长，否则就会被淘汰。西方世界的许多企业都是基于竞争导向的。在这样的企业文化氛围里，公司一般不关心员工的个人生活。尽管不少经理在做决定时会考虑员工的个人生活，但是公司的首要任务是盈利。通用电器的前执行长杰克·韦尔奇就是竞

第五章
CQ 知识(下):文化比较之十维度

争导向的典型。他在任期间特别强调达到目标和结果,他认为一个理想的公司应该将每个工厂放在驳船上,随时可以移到工资最低的地方去开工。⑨

我的一个香港朋友最近告诉我他和一个北美同事的故事。这个朋友和他的北美同事一起共事多年,但都是通过网络联系。当他们最终在香港见面后,马上就开始工作。第一天早上的工作非常符合西方人的习惯:以工作为中心。当然也比较符合香港的工作节奏。后来他们一起吃午餐,这个北美同事表现非常热情、和蔼可亲,好像关系非常近乎。而且,这个北美同事还告诉了我这个朋友自己眼下麻烦的离婚官司,包括他前妻放荡的婚外情细节。我的朋友非常不自在。他对我说:"我有些好朋友在离婚好多年后我才知道他们离婚了。但是,他刚和我见面一个早晨就和我说这事?"

更让人觉得不和谐的是这两个人回办公室后发生的事情。他们一回到办公室,这个北美同事很快就进入工作状态,开始写提案。他坚持把每个人负责的部分写上各自的名字,以便分清是谁的功劳。

在以合作导向为主的中国朋友看来,亲密的关系、竞争和分清各自的功劳真是前后矛盾。他原本知道北美同事应该具有竞争性、公事公办,但是,当听到他的北美同事谈论自己的私生活和生活细节后,这个中国朋友差点忘了这一点。后来,我的朋友对于北美人把友好、和蔼的一面和公事公办的一面融合在一起有了更好的理解。他说他在后来和这个北美同事以及其他同事交往时更有准备,因为他对于他们的行为有了更好的预期。

表5-4 合作与竞争

合作导向		竞争导向
强调相互合作和相互关心		强调竞争、果断和成就
合作	居中	竞争
北欧区 下撒哈拉非洲区	阿拉伯地区 儒家文化区 东欧 拉丁美洲 拉丁欧洲文化区 南亚*	英语区 日耳曼欧洲文化区
关于十个文化群的具体描述,请见附录一 * 表明区域内存在较大差异		
合作导向员工的领导 • 在完成任务之前先建立关系 • 通过个人和家庭关系建立信任		竞争导向员工的领导 • 在建立关系前先完成任务 • 通过工作成果来建立信任

短期与长期导向

我们的文化对于时间的态度可以从不同的角度来分析,其中对领导者最有用的就是理解长期与短期导向。或者说,我们是强调现在还是未来,反映了我们多大程度上愿意等待结果和报酬。

第五章
CQ 知识(下):文化比较之十维度

期待、要求在不远的将来看到结果的文化属于短期导向文化。相反,长期导向文化则强调长远的利益回报。有一次我看到新加坡报纸上报道一个新的医改法案刚被批准。文章指出,医改法案将在十年后开始执行。想象一下在短期导向的美国,人们如果发现联邦政府刚通过了一个要在十年后才开始执行的法案,一定会觉得荒唐可笑。但是,在长期导向的新加坡,这个时间段似乎完全可以接受。

美国的竞选周期可能是最好不过的短期导向的例证。美国人选出一个政党主持白宫后,希望他们马上开始工作。几个月后他们希望看到该政党努力的结果。如果在 18 个月后还没有显著变化,这个政党就会失去席位,由另一个政党来替换。人们对于不能很快产生结果的长期计划往往缺乏耐心。

短期导向的人们关注近期发生的事情,希望决定马上能带来结果。这种导向常见于英语文化区,比如北美、英国和澳大利亚,以及菲律宾和整个下撒哈拉非洲区。一般认为短期导向起源于海洋文明,人们在航海过程中往往愿意为了生存和马上看得见的好处而冒险。[20]具有短期导向文化的企业看重每个季度和每年的回报率。虽然这些指标往往存在行业差异,但是股东们往往需要看到短期的回报。

长期导向往往和儒家文化联系在一起,常见于日本、韩国和中国。这些文化十分重视"毅力"和"节俭"。长期导向的地区往往有很高的存款率和很高的国家外汇储备。相比于西方的航海文明,中国文化起源于相对封闭的农耕文明。祖先和传统往往被人们高度重视,加上对秩序和生活和谐的青睐,长期导向文化对于新的、未经过检验的观点往往会谨慎对待。⑪

长期和短期导向的区别给国际开发工作往往带来新的挑战。开发工作需要解决的是像海地重建这样的长远问题,需要从长计议。但是,这些开发工作的资金来源大多来自短期导向文化。捐赠者如果在短期内看不到结果就会停止捐款。看来,捐赠者和开发者需要了解长期和短期导向各自的优势和局限性才能更好地相互沟通。

表5-5 短期与长期导向

短期导向		长期导向
强调短期回报(现在的成功)		强调长期回报(未来的成功)
短期	居中	长期
英语区 阿拉伯地区 东欧 北欧区 下撒哈拉非洲区	日耳曼欧洲文化区 拉丁美洲 拉丁欧洲文化区 南亚	儒家文化区
关于十个文化群的具体描述,请见附录一		
短期导向员工的领导 • 帮助他们"快速成功" • 重视当下		长期导向员工的领导 • 着眼于未来 • 强调长期成功(过去和未来)

第五章
CQ 知识（下）：文化比较之十维度

语境：直接与间接

导致跨文化团队内部冲突的重要原因之一就是直接与间接沟通的区别。习惯直接沟通的人往往被他们的异国同事使用模棱两可的表达方式弄得不知所措；而习惯间接沟通的人往往被他们西方同事直接坦率甚至粗鲁的表达冒犯。

有些团队往往会努力规定一些内部沟通的规则，但是在制定规则时往往会遇上沟通方式差异化的挑战。一个团队领导告诉我，她坚持她的团队必须"相互尊重"。但是，相互尊重在不同文化背景里有不同的意义。一个典型的纽约或德国领导者认为，团队成员之间最能体现相互尊重的表达方式就是直接说出自己心里的话、不要顾左右而言他或者美化事件、直截了当。要不然，你会被人认为不诚实；或者更有甚者，是被认为是攻击或者骗人。但是，一个典型的墨西哥或者中国领导者则认为，相互尊重意味着给对方留面子，尤其是在双方起冲突的时候。他们心里可能这样想：你非得让我说出难听的话来让你面子上过不去吗？保持和谐的相互关系在他们的文化里永远是第一位的。

这个文化导向名为"语境"，是因为间接、高语境的人往往更多关注语境、身体语言和言外之意,而直接、低语境的人基本忽略语境而关注说话内容。对于一个低语境的人来说,觉得应该"有什么就说什么"而不要希望别人领会你的言外之意。

个人性格和性别肯定会影响更倾向于低语境(直接)还是高语境(间接)的交流方式。但是,文化也是重要的影响因素。一个以色列人可能觉得自己比较间接(以色列是世界上很直接的文化之一),而在一个高语境文化背景的人(比如说日本人)看来她还是过于直接。而一个日本人可能觉得自己很直接,而在一个直接文化背景的人(比如说以色列人)看来又过于间接了。所以,文化差异是相对的。

高语境文化往往发生在历史源远流长、人们有较多共识的地区。这样的文化假定每个人都是内部的人,知道如何行事。因为大多数人都知道如何做、如何思考,所以明文规定往往较少。

我们自己的家庭就是高语境环境的最好例证。一起生活多年以后,我们会形成关于吃什么、如何庆祝节日、如何相互交流等方面的默契。许多工作场合也是高语境环境,大家知道什么时候发工资、如何公开一个事件以及不同的行话和缩略语的准确含义。新员工如果没有足够的引导往往会倍感失落。同样的,许多宗教仪式也是高语境文化环境。人们习惯性地站立、鞠躬、背诵教义,而不熟悉的人往往会一头雾水。

第五章
CQ 知识(下):文化比较之十维度

低语境文化地区往往历史较短。许多欧洲和北美国家以低语境为主。由于人们之间的交往历史较短,各个地方和城市的发展历史也较短,暗含的共识也相对较少。这不仅体现在人与人之间的交流方式上,还体现在这些地方的标识方面。在哪里停车、如何冲厕所以及如何点餐都会在游人较多的地方清晰地标识出来。这样人们就有了足够的信息来指导自身行为。低语境文化比高语境文化更容易进入,因为作为一个外人你有更多信息基础来参与当地的社会生活。但是记住,一个高语境的人可能会对这样的粗鲁、直接的交流方式非常反感。

许多跨文化团队无法完全用高语境的方式来运转。即使所有成员都是高语境文化背景,不同的情景往往有不同的含义(比如,你在会议桌的位置在一个情景中意味着你是领导,而在另一个情景,则表示你是外来的客人)。跨文化团队的领导简单地要求大家"相互尊重"是不够的,还需要告诉大家如何用正确的方式向不同成员表达"尊重"。直接交流的人可能需要收敛锋芒,而过于间接的人可能需要努力将自己的表达变得更明确以便其他团队成员能够准确理解自己的意思。[12]

表 5-6　语境：直接与间接

低语境(直接)		高语境(间接)
强调直接交流(通过用词)		强调间接交流(通过语气、语境)
低语境	居中	高语境
英语区 日耳曼欧洲文化区 北欧区	东欧 拉丁美洲 拉丁欧洲文化区	阿拉伯地区 儒家文化区 南亚* 下撒哈拉非洲区
关于十个文化群的具体描述，请见附录一 * 表明区域内存在较大差异		
低语境(直接)员工的领导 ● 通过电子邮件给出指示、沟通进展 ● 直截了当："我需要你做如下的事情……" ● 犯了错误后直接道歉		高语境(间接)员工的领导 ● 和他们一起讨论工作指示和进展 ● 尽量委婉："不知道你可不可以……" ● 当和谐被打破后道歉

做(Doing)与是(Being)

有一则小故事是这样讲的：一个纽约商人到墨西哥一个小渔村度假。每天早上他都看见一个墨西哥渔民上船，出海一到两个小时后满载而归。一天，纽约人和渔民进行了这样的对话：

第五章
CQ 知识(下):文化比较之十维度

纽约商人:你每天都能打到不少鱼啊!

渔民:对的。鱼不少。你整天打鱼都可以。

纽约商人:那你为什么不多打一会儿鱼?

渔民:我打的鱼够我们家今天的花销。

纽约商人:那你剩下的时间做什么呢?

渔民:我打点鱼后,就和孩子一起玩、午睡,晚上在村子里漫步、跟朋友和家人一起喝酒、弹吉他。我的生活很美满。

纽约商人:我可以帮助你。你应该多打鱼,然后用卖鱼的钱买一条大船。然后你就可以打更多的鱼,随着卖鱼的钱越来越多,你可以买几条船。最终,你可以拥有自己的船队。那时候,你就不用把鱼卖给鱼贩,而是直接卖给食品加工厂。最终你还可以开自己的罐头食品加工厂。你应该控制生产、加工和全球分销体系。这样,你就可以离开这个小渔村,搬到墨西哥城,然后洛杉矶,最后到纽约管理你自己庞大的企业。

渔民(看上去有些感兴趣,但是也有点犯糊涂):但是,这要多久才能实现?

纽约商人:我不知道,十五或二十年吧。但是,时机成熟时你可以把公司卖掉,就会变得非常富有。你可以赚成百上千万。

渔民:好的。然后呢?

纽约商人：然后你就可以退休了。你可以搬到一个小渔村，在那里你可以时不时打点鱼、含饴弄孙、睡午觉、到村里去和朋友一起喝酒、弹吉他。

这个墨西哥渔民非常郁闷地走开了，想着为什么花那么多力气去重新获得我已经拥有的生活？

这个墨西哥渔民的生活导向是"是"（being），而纽约商人的是"做"（doing）。所有文化都会珍惜时间，但是我们的文化背景深刻影响着我们如何利用时间。以"是"文化为导向的人们也会努力地，可能是非常努力地工作，但是他们工作是为了生活。而以"做"文化为导向的人们活着就是为了工作。墨西哥渔民工作是为了能够和朋友家人一起享受生活，工作在自我定位中的作用可能比较有限。和他第一次见面，他可能不会马上告诉你他的渔民身份。相反，他更有可能谈论他的父母、妻子、孩子和朋友们。对于一个"是"导向的人来说，他很难认同为什么要充满热情地工作或是从工作中体会极大的人生意义。

纽约商人则是一个以"做"为导向的典型。他总是想着如何更有效率、更好地抓住商业机会。他和其他人初次见面会问："你是做什么的？"你的职业是他确定如何跟你发展关系的重要基础。这也不是说这个商人不关心家人和朋友，他可能现在就是和家人一起到墨西哥度长假、享受天伦之乐。但是，他的人生诉

第五章
CQ 知识（下）：文化比较之十维度

求主要还是工作和业绩。⑬

如果你是一个"做"文化导向的领导，往往会觉得"是"文化导向的人比较懒。或者，一个"是"文化导向的领导可能觉得"做"文化导向的人根本不会放松。但是，这样的看法显然都不准确。相反，"是"和"做"文化导向的区别只是人们的生活动力不同：是不停做事还是保证生活质量。北欧文化往往更偏向"是"文化导向。一个低 CQ 的瑞典领导者可能看到一个人每周工作 60 个小时后会这样想："他真是不够能干，要不怎么在 35 个小时内不能把工作做完？"而一个低 CQ 的美国领导者（很可能偏向"做"文化导向）看到一个员工提前下班去接孩子，就会觉得该员工不够敬业。如果领导者具有高 CQ，他们就会理解同样都是努力工作的员工，时间分配上的不同并不一定影响效率。当然，很多人是真的懒或者是真的工作狂。这些都不是重点，重点是我们在很快对一个人的工作态度和生活态度做出评判时，一定要考虑他或她的"是"或者"做"文化导向会深刻影响他们的行事风格。而当你想要推销一个新点子的时候，也需要注意对方的"是"或者"做"文化导向。

表 5-7 "是"与"做"文化导向

"是"导向		"做"导向
强调生活品质		忙着做事情、实现目标
"是"导向	居中	"做"导向
阿拉伯地区 拉丁美洲 北欧区 下撒哈拉非洲区	儒家文化区* 东欧 拉丁欧洲文化区 南亚*	英语区 日耳曼欧洲文化区
关于十个文化群的具体描述,请见附录一 * 表明区域内存在较大差异		
"是"导向员工的领导 ● 为员工个人成长创造机会 ● 重点强调一个人"是"谁 ● 管理个人关系		"做"导向员工的领导 ● 提供培训和个人发展的机会 ● 重点强调成就 ● 管理工作过程

普遍主义与特殊主义

下一个文化价值维度是我们衡量他人行为所使用的标准。普遍主义文化认为规则适用所有人,谁都不能例外。这种导向强调人们对于社会统一认同的规则具有遵从的义务。因为普遍主义的生活观以规则为基础,行为往往停留在抽象层面。对于一个普遍主义者,你和他的个人关系和他是否应该遵从规则应该没有任何关联。一个人违反了规定就应该被处理,不管你是谁。

第五章
CQ 知识(下):文化比较之十维度

特殊主义文化认为我们对于自己认识的人有特殊义务。特殊主义者在做判断时强调当时情景的特殊性。将每个人每个情况都一视同仁不仅不可能,也不合理。对于一个特殊主义者,一个朋友违反规定不同于其他人违反规定,这个朋友有着特殊重要性。所以,无论权威的规定如何,一个特殊主义导向的人都会为朋友辩护。⑭

安德烈斯·塔皮亚是休伊特咨询公司(Hewitt Associates)的前首席员工多样化部门负责人,从小在盛行特殊主义文化的秘鲁长大。安德烈斯最早到西北大学来学习时,曾经有非常挫败的经历。他当初的困难是每个月需要支付的学费。他有部分助学金,但是他在秘鲁的父亲还需要支付另外的学费。当时的秘鲁非常混乱,经历着恐怖袭击和超级通货膨胀,而且外汇往来受到限制,尤其是汇到美国。为了逃避这些管制,他父亲必须把现金汇给信任的人,再让人从秘鲁飞美国时带过来。所以,钱还是会有的,就是经常会晚几个星期。

所有西北大学学生的学费都是在每个月15号交,如果过期不交就会有滞纳金。每到15号,安德烈斯就会到财务处,做如下解释:"对不起,我的钱还没有来。钱一来我就过来交。"回答总是一样的:"那就会有50美元罚款。"安德烈斯就会说:"钱已经寄出来了。这是从秘鲁来的,那里有通货膨胀、恐怖袭击和外汇管制。你可以给我例外处理吗?"大学的回答,从一个普遍主义文化的角度,也总是一样的:"如果我们给你例外,我们就必须给所有人例外。"从一个特殊主义文化的角度,他总会十分恼火。有一天,他说道:"对不起!有多少学生是从一个6000公里以外的国家来的,那里有着百分之一万五千的通货膨胀率、越来越多的恐怖分子在国会大厦点燃汽车炸弹并且对外汇实施管制?"但是他的质问并没有什么用处。他必须按照大学的规定来。⑮

　　是让所有人都遵从同样的规定还是考虑特殊情况更公平?我们大家旅行时往往都有讨价还价的经历。第一次你可能觉得好玩,但是有些国际旅行者觉得非常不舒服。他们想直接知道某个商品的价格,但是很多文化觉得价格应该根据购买者的不同而变化。如果你到印度参观泰姬陵,很快会发现外国人和印度本地人的门票差距非常大。从普遍主义文化的角度看就很难理解为什么存在这样的差异。而从特殊主义文化的角度来看,你为什么让一个可以从地球的另外一端旅游过来的人和另一个可能一辈子都赚不到这张机票钱的人付一样的门票钱?普遍主义者往往赞成在跨国公司内建立统一的规则。而特殊主义者认为许多规则和决定都应该根据具体情况和不同的关系而实行本地化,并且因人而异。

第五章
CQ 知识(下):文化比较之十维度

表 5-8 普遍主义与特殊主义

普遍主义		特殊主义
强调规则和标准应该适用于所有人		强调根据不同的关系采用特殊、具体的标准
普遍主义导向	居中	特殊主义导向
英语区 日耳曼欧洲文化区 北欧区	东欧 拉丁欧洲文化区	阿拉伯地区 儒家文化区* 拉丁美洲 南亚 下撒哈拉非洲区
关于十个文化群的具体描述,请见附录一 * 表明区域内存在较大差异		
普遍主义导向员工的领导 ● 书面表述承诺并且努力坚守承诺 ● 如果情况变化需要做改变,需要尽可能地说明理由并提前通知		特殊主义导向员工的领导 ● 尽量灵活 ● 投资关系的建立,在决策过程中考虑关系的作用

中性与张扬

中性文化的人往往尽量控制他们对情感的表达。人们尽量不让别人知道自己的感受。张扬文化的人则希望充分自然地表达自己的情感。张扬文化鼓励、接受人们情绪的自然流露。

有一次我给一组来自日本的年轻高管讲课,很难判断他们是否理解了我的讲授内容。作为中性文化成员,他们没有给我任何非语言的反馈。后来我观察一个南非的讲座者给这个团队讲课时也遇到了同样的情况，我能感觉出她对于毫无反馈的听众也很无奈。她开始向不同的人提问，比如"你觉得这个零售商如何？"她直接叫他们的名字，但是大多数人还是不回答问题。大多数人把头低下，有些人开始傻笑。傻笑是中性文化的人们在难堪和不舒服时的表达方式。他们不希望被点名，也不愿意表达自己的不满，所以他们就会尴尬地傻笑。这个教员最终放弃了自己的方法，改为让每个人在讲座结束时提供书面反馈，好像收效不错。

中性文化和张扬文化的区别不在于我们感受的情感差异，而是我们在情感表达上的差异。中性文化常见于英国、瑞典、荷兰、芬兰、德国和大多数儒家文化区。人们觉得应该隐藏自己的感受，尽量不使用脸部表情和身体语言。看上去不动声色是令人尊重的表现，虽然有时候他们会出其不意地爆发（那样往往会令人大跌眼镜）。讲话也往往使用单调的语气，较少使用富有情感的语调，需要"围绕主题"而不是借题发挥。在许多中性文化里，尤其是在亚洲，沉默很常见，而且还是备受欢迎的。沉默是尊重的表现，它可以让双方有时间反思、理解对方意图。

张扬文化常见于意大利、波兰、法国以及美国的非洲裔，人们大量使用面部表情和身体语言。不这样表达的人往往会被认为是缺乏自信的表现。张扬文化导向的人在激动时大声说话、喜欢辩论和讨论。他们往往更富有热情、真情流露并且在决策过程中

第五章
CQ知识(下):文化比较之十维度

考虑自己的感情和直觉因素。他们的观点往往更情绪化、甚至用夸张的表达来到达目的。有时候,在这样的文化中人们觉得想要别人听到自己的声音,就必须打断别人或者抬高音量。[16]

类似的文化价值差异也存在于同一个社会的不同社会阶层。美国往往介于中性和张扬文化之间。一个典型的美国人可能会觉得过于夸张的人不顺眼,但是人们还是需要和其他人交往或交谈时表现热情、积极响应对方。美国的工薪阶层往往更张扬,在家庭和工作场合大声说话或者大笑都很正常。相反,在白领中产或者中上层群体中,情感的表达往往更收敛和讲究。下次在迅速评价别人行为时,请注意这个人的文化导向以做出全面判断。

表 5-9 中性与张扬

中性文化	张扬文化
强调非情绪化交流;隐藏感情	强调生动地表达;公开自己的感受

中性文化	居中	张扬文化
儒家文化区 东欧 日耳曼欧洲文化区 北欧区	英语区* 南亚	阿拉伯地区 拉丁美洲 下撒哈拉非洲区 拉丁欧洲文化区

关于十个文化群的具体描述,请见附录一
* 表明区域内存在较大差异

中性文化导向员工的领导	张扬文化导向员工的领导
• 管理自己的情绪、规范自己的身体动作 • 在会议和交往中抓住主题	• 敞开自己、表现出热情和信任 • 可能需要提高自己的表现力

共时性文化与历时性文化

最后的一个文化维度还是和时间有关。正如前面讨论过的短期与长期导向一样,我们也需要根据时间导向差异来调整自己的策略。但有一点是不变的:我们无法改变一个人的时间导向,更无法改变整个时间导向。因为它深植于人们和社会生活的方方面面。了解人们对于时间的不同导向可以减少冲突,并在和不同导向的人们交往时体现较高的 CQ。

人类学家爱德华·霍尔(Edward Hall)认为,不同文化对待时间的导向可以分为共时性和历时性文化两种。共时性文化的时间观是线性的,时间安排按照顺序来,一件一件地做完,最后达到目的。因此,共时性文化强调仔细计划和有效的时间管理。一般共时性文化都很重视守时。共时的核心在于一个时刻做一件事情。除欧洲拉丁区外,许多西方文化都是共时性文化。现代社会许多西方人都很出色地采用多任务工作方式,看起来这和共时性文化不符。许多领导者需要同时照顾不同的工作任务。但是,共时性文化更多的是指按照顺序来完成一个任务,而不是指同一个时间完成多项任务。共时性文化强调一个时间里集中做一件事情并且尽量把它做完。共时性文化的领导者从小学会线性地

第五章
CQ 知识(下):文化比较之十维度

完成各项任务,觉得历时性文化的人们精力不集中,无法把一件事情做扎实。

共时性文化也强调将工作和生活分开。尽管由于手机、电子邮件和社交网络的出现,任何文化都很难做到这一点,这也往往成为领导者焦虑感的重要来源。但是,共时性文化往往对于什么时候用或者不用手机还是有规可循的。如果你上午9点开会,为了送孩子上学而迟到一般是不能原谅的,除非有非常意外的情况出现。

相反,爱德华·霍尔这样描述与共时性文化相反的历时性文化:人们的工作和个人生活紧密相连。历时性文化强调在一个时间段同时完成多个任务。在共时性文化领导者看来,历时性文化的人非常容易注意力分散,他们会放下手上的工作接任何人的电话或者接待任何来访者。历时性文化的人们远在手机和虚拟工作环境出现之前就是多任务工作方式的大师了。但是他们多任务工作方式不是为了提高效率,而是为了在事件发生时随时做出反应、对于不同角色和关系进行不同的排序。[17]

我经常在全球各地举办高管培训班。从共时性文化来的学员往往会全程参加课程,偶尔有几个可能会迟到或者在课堂上用手机,但是学员们都知道一个不成文的规定:不来上课或者上课用手机是非常不礼貌的。如果共时性文化的学员需要接个电话,他或她往往会向我致歉。但是从历时性文化来的学员(比如中东地区的高管)经常在不同的时间来到教室、在讲课中间进进出出、接任何打来的电话。最明显的是,他们毫不掩饰地收发短信。他们可能觉得上课时"割裂"和家人或其他工作联系是不可接受的。和时间及物质的东西相比,历时性文化更重视人与人的交往。因此,他们并不会特别关心如何有效地"完成任务"和按时完成任务。任务会完成的,但是需要顺其自然。历时性文化的极端例子是土著居民和美洲原住民。部落会议或者"议事会"随时可以发起,随便开多长时间。人们不急于得出结论,因为这样会被认为不礼貌、不吉利。

表 5-10 共时性文化与历时性文化

共时性文化		历时性文化
强调时间的线性以及工作和个人生活分开		强调多任务工作方式、工作和个人生活融合
共时性文化	居中	历时性文化
英语区 日耳曼欧洲文化区 北欧区	儒家文化区* 东欧 南亚	阿拉伯地区 拉丁美洲 下撒哈拉非洲区 拉丁欧洲文化区*
关于十个文化群的具体描述,请见附录一 *表明区域内存在较大差异		
共时性文化导向员工的领导 ● 通过反馈及时、高效来建立信任 ● 如果不能在最后期限前完成任务,需要提出一个新的最后期限		历时性文化导向员工的领导 ● 对于不是特别重要的期限尽量灵活 ● 如果最后期限前没有完成,强调这和你个人的关系

第五章
CQ知识(下):文化比较之十维度

总结

相信"人就是人,生意就是生意"的领导者注定无法和来自不同文化背景的人们开展有效合作。一个领导者如果不深入了解文化取向对人们如何被激励、如何决定付出多少努力以及如何开展工作等的影响,他注定会在全球化领导工作中惨败。相反,不断学习本章和第四章讨论的文化差异会让领导者不仅能有效工作,还能在工作过程中体现对对方文化的尊重。虽然这里主要讨论的是国家文化差异,同样的差异可能也存在于不同族裔之间、不同地区之间和不同企业文化之间。[18]

如何才能避免生搬硬套地把CQ知识应用到所有人?既然人们会自然而然地将前面两章的CQ知识迅速地对号入座,为什么我们还要讨论这些内容呢?乔伊斯·奥斯兰(Joyce Osland)和艾伦·伯德(Allan Bird)将这类建立在跨文化实证研究基础上的对号入座称为"精致的对号入座"。前面讲述的六大文化体系和十大文化价值维度都是"精致的对号入座"的典型,下面的应用方法可以避免生搬硬套的错误:

- 将它们用于比较不同文化而不是用来理解某个文化内部的行为

- 有意识地多想一下
- 只能用其大意,不可死抠
- 在获取直接信息前作为首先的参照
- 根据进一步的观察和经验不断修正⑲

仅仅有 CQ 知识是不够的,但它是你理解管理对象和管理状况的重要步骤。CQ 的四个能力维度中,CQ 知识是最容易理解的。只要花时间学习这些文化差异,我们都可以不断增长 CQ 知识。CQ 知识的出发点是了解文化如何影响人们的思维和行为,以此为出发点,我们可以通过增加自我意识来不断学习文化的各种影响。

CQ 知识小窍门

1. 学习一门外语。很容易找到老师。最好的老师是那些说母语的人。到海外旅行,哪怕只会说几句话,作用可能都会超乎你的想象。

2. 阅读国外小说和传记。像这本书一类的读物可以给你一些文化方面的概念,但是阅读《追风筝的人》(The Kite Runner)、《白人之墓》(White Man's Grave)或者看《经典老爷车》(Gran Torino)、《迷失东京》(Lost in Translation)等电影则会让你对 CQ 知识有更深刻的领悟。通过小说、传记和电影进入另外的世界吧!

3. 关注全球新闻。关注好莱坞明星们的花边新闻以外的其他新闻。BBC 新闻和广播都是很好的新闻来源。访问半岛电视台的网站看看同一个新闻在他们那里是怎么解读的。旅行时,找一些当地的新闻报纸来读。

4. 对于将要到访的地区有基本的了解。看看 BBC 网站的"国家概况",包括所有国家。这类信息为你提供一个国家的基本情况、历史和眼下人们面对的问题等,可以让你和那里的人们谈话时有个起码的基础。或者,你也可以到 http://globaledge.msu.edu 阅览不同地区和国家的全球商务信息。

5. 逛商店。观察不同文化的商店在货品选择和货品摆放上的差异也是一件很妙的事情。当然要小心不要过分解读这些不同。观察这样的异同点还是会给你许多启发的。

第六章
CQ 战略：千万别太任性

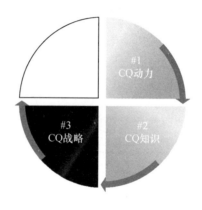

CQ 战略：如何做好行动计划？	
面对不同的文化场景策略性地做出合适调整	
CQ 战略高的领导者	在遇到新的跨文化交流情景后，他们会应用自己的文化知识来策划具体行动。他们能更好地根据不同文化场景来审视、分析和调整自己的假设和行为。他们知道对于一个不熟悉的文化需要增加哪些方面的知识。

我上次在利比里亚试图弄清楚琼斯教授是否可

第六章
CQ战略:千万别太任性

信的种种不合适做法(详见第一章),源于我的北美文化中直截了当的交流习惯。对于闪烁其词的做法无法忍受的我虽然尽量保持风度,但我还是更希望迅速、直接地面对矛盾。在蒙罗维亚机场看到利比里亚裔美国小伙提拇和那个行李搬运工互相不理解时,我可以理解。我也可以体会早餐桌上的朋友分享他们在婴儿食品和医疗用品上遭遇的不幸。但是,我却忘了审视自己直截了当的沟通方式,这怎么能让我的利比里亚之行成功呢?

你要是问我利比里亚的一些特殊文化价值,我可以很快告诉你:这里的人们对于朋友关系非常重视和忠诚。我还知道为朋友和同事留面子远比向一个外国人提供真实但是令人尴尬的信息更重要。但是,我却没有运用这些文化知识来完成我需要完成的工作:搞清楚我的学校是否应该和琼斯教授和麦迪生学院合作。等到事情过了回过头来细想,再加上摩西的提醒,我才意识到我把哈瑞斯博士置于一个不可能如实回答我问题的境地。他的文化取向使得他更重视在表达观点时顾及别人的面子而不是直接、清晰地给出答案。如果我在和哈瑞斯博士见面前花些时间准备一些容易引发讨论的问题(CQ战略的第三项能力),我们的会面可能会更有成效。

第二天,我和摩西拜访在麦迪生学院工作过也认识琼斯博士的另一个利比里亚领导人。由于前一天进行了一番总结,我决定采用完全不同的方法。我一开始问他觉得琼斯博士和他的麦迪生学院有哪些优势。后来趁摩西出去接电话的机会,我赶紧问这个人:"如果我的学校和琼斯博士的学校开展合作的话,有哪些需要注意的地方?"我的问题让他觉得不是要他说关于琼斯博士的坏话,而是向他请教。这个领导人随后提出了几个需要警觉的地方,和摩西先前提到的关于琼斯和他的学校不利的说法不谋而合。虽然这位领导对于琼斯博士的批评比较委婉,但是字里行间的意思还是比较清楚的。

CQ战略体现了我们如何应用CQ知识的能力。CQ战略帮助我们撇开表面现象看本质、正确处理那些对于我们的领导任务至关重要的微妙问题。因此,CQ战略是连接文化知识和恰当领导行为的纽带。

CQ战略可以通过我们在不同地方开车的经历来理解。在熟悉的地方开车,我特别擅长同时干很多事。情况允许,我会启用汽车自动巡航功能、听广播、打电话或者和车里的其他人聊天。但是到了一个新城市,需要找路的时候,我就会把车速降下来、关掉广播并且尽量不和车里其他人说话。到一个新地方开车需要更集中注意力,尤其是当那个地方的人是逆向行车时。如果提前计划开车路线、对于如何到达终点心中有数,在一个新地方开车我往往会更有信心。有时候GPS导航会遇到预想不到的路况,所以即使我已经做好行车计划,还是会在路上多加小心。这就如同CQ战略对于我们跨文化领导工作的作用。CQ战略要求我们

第六章
CQ战略：千万别太任性

把"自动巡航"功能关掉，更有意识地、警觉地观察周围环境。而这样用心的观察往往会让我们找到在一个新环境的正确应对策略。CQ战略的三个细分维度包括：计划、意识和检查。[①]这些细分维度反映了提高CQ战略的重要努力方向。

如何提高CQ战略

1. 事先计划
2. 意识
3. 审视你的假设和计划是否合适

关键问题：为了做好这个跨文化工作我需要做怎样的计划？

事先计划

CQ战略的第一步就是具体接触不同文化环境中的人和项目前事先计划。我们大多数人处理领导工作时往往处于"自动巡航"状态。在如何向客人介绍自己的公司和产品、处理团队成员之间的矛盾或是如何给下属做工作总结等熟悉的工作时，有经验的领导者往往不需要做大量的计划就能做好。但是，当文化环境变化了,我们就应该花时间想想哪些方法需要调整,而不是按照以往的习惯来处理。我往往感到非常奇怪:许多领导者花费几千上万美元从地球的一端飞到另一端,但是却没有花一点点时间来计划如何能最大限度地利用自己在目的地的宝贵时间。

第一次听说内向的人在参加鸡尾酒会前,会做好如何和别人交谈的准备时,我的吃惊程度至今都记忆犹新。预计哪些人会参加酒会、提前准备要问的问题、记住每个人的生活细节等是许多内向的人在参加社交活动前采取的应对策略。在跨文化环境中,无论内向还是外向,这样的策略都会让我们受益。

在你即将和跨文化背景的人交往之前,最好想想如何交流、交流什么样的问题。有时只需要在一对一的面谈前花三分钟时间思考最有效的沟通方式。你可以问自己下面的问题:

- 什么样的寒暄话题在这个文化和这个人看来是合适的?
- 谁应该先将见面的寒暄转到正题上?
- 如何在这次见面时落实具体问题?
- 我需要在会谈方向上拥有多大的主动权?

如果对于对方文化缺乏了解,回答上述问题往往很困难。好的 CQ 战略需要扎实的 CQ 知识。参考前两章的文化知识,你至少可以从理论上做些准备。你的文化知识就好比 GPS 系统,可

第六章
CQ战略：千万别太任性

以帮助你在新的区域找到前行的方向。

最早几次在非常不熟悉的靠左行驶的地方开车时，我特别小心。但是，经过多次训练，即使到一个新的靠左行驶的地方，我也觉得没有那么难。我找到了如何行驶在正确的马路方向的基本策略。每多到一个不同的地方并且多学习新的交通规则，我们就更有能力根据周围环境来及时调整自己的驾驶方式。具有讽刺意味的是，我在国外的驾驶方法有时还会改变我回到美国后的开车习惯。我觉得跨文化领导工作也是同样的道理。

我们有些人长期从事跨文化领导工作，所以习惯性地随着环境变化而及时调整，就好像是汽车的"自动巡航"功能。如果你自己达到了这样的水平，你就应该想想团队的其他人是否也达到了同样的经验水平和见识程度。小到在给另一半球的同事写信时避免把春天、秋天之类的搞混，或者在电子邮件中及时调整称呼的正式性（是称呼"亲爱的王博士"还是"安，你好！"），都可能是我们应该注意的微小却又至关重要的细节。

CQ战略的真正目的是反省过去的教训，并更好地应用到今后处理跨文化场景中去。类似我和哈瑞斯博士、摩西之间经历的令人费解的状况，今后可能还会碰到。但是，CQ战略和事先计划可以减少这类事情的发生、帮助我们从过去的失败中总结教训，以便更好地开展跨文化谈判和领导工作。

一个善于使用CQ战略的领导者会积极制订新的战略或者

及时调整已有战略来应对新环境的独特性。这样的领导能够融合各种观察和对环境的解读来为新情况制订新策略。[②]大多数情况下,不熟悉的环境往往会给我们模糊甚至是误导性的信息。许多看上去熟悉的行为可能存在不同的意义。如果事先做好准备,就可以有意识地检查我们对某个行为的解读是否准确。这就涉及下面我要谈到的 CQ 战略的另一个重要维度:意识。

意识

对于自己、他人和环境的意识是区别 CQ 高低的重要方面。随着你的领导职位越来越高,保持清醒的自我意识就越难。许多 CEO 们周围的人都会附和他们讲的笑话、赞美他们的观点并且在明明知道他们的观点十分愚蠢时也不会告诉他们。这就要求领导者努力保持自我意识、知道真实的情况。

计划和策略如果不能和自我意识结合起来就会非常危险。你是否遇到过从某个特定组织或者少数族裔来的领导者表现得完全不是你预想的那样?我们应该对于预想的计划保持适度的灵活性,而且对于跨文化交流中的种种细节保持清醒的意识,随时检查原来计划是否需要调整。这就要求我们放慢节奏,对于自己内心和外在环境保持清醒的认识,这样才能有效完成跨文化领

第六章
CQ战略:千万别太任性

导工作。意识就是要退一步、仔细审视我们正在做的事情。它需要我们观察容易被忽视的细节。意识是帮助我们区分文化冰山的三个层次(人类共性、文化行为和个人行为)的重要工具。意识往往让我们做出更好的决策、取得更好的工作成绩。

跨文化管理不像弄清楚如何和德国人或印度人交往那样简单。重要的问题是,一个从BMW公司(宝马公司)来的德国女人将要如何和来自TATA公司(塔塔汽车集团公司)的印度男人进行工作交往。人们的有些行为可能会反映出他们的文化背景,但是有些行为则可能只是他们个人特质或者某个特定场合导致的。保持清醒的自我意识,我们就可以区别哪些行为是个人特质所致。而且,有些行为可能是对方根据他们对于你希望看到的行为后做出调整的结果。你越是花时间来有意识地思考这些问题,你的CQ就会越高,尤其是在自我意识和CQ战略方面。

保持清醒的自我意识是一个积极应用CQ知识并及时微调行动计划的过程。它可以阻止我们启用半自动式的冲动模式,或者将我们的假设搁置一段时间并在整个跨文化活动中保持清醒。

请看图6-1,你看到了什么?如何解释照片中发生的情形?

这是一个不错的团队练习。让你的团队成员看看这张照片,描述到底发生了什么?你很快就会发现人们对于那辆车怎么趴在两个停车位之间有着自己振振有词的解释。许多人非常自信地认为,这一定是一个不顾别人、觉得自己了不起的高管,或者没有注意到停车线或者认为自己就应该停两个车位。另外一些人则认为是一个匆忙的家长来不及看停车线，或者需要从这个两门车里抱出孩子确实需要两个停车位。还有些在下雪地区的人则认为这个人停车时地上堆满了积雪，看不到停车线。问题是，你对于自己解释的准确性到底有多大把握？没有额外的信息，我们无法得知这张照片背后的故事。但是，我们的大脑会迅速地解读看到的任何现象，而这样的解读往往是基于自己的经验和假设。

图 6-1

该照片由 dailymail 网站授权，网址是 http://www.dailymail.co.uk/news/article-2347221/Drivers-park-named-shamed-Facebook-leaving-cars-precarious-positions.html。

作为领导者，我们必须对于许多情形做出快速解读。但是，这样往往也会带来风险。而且在跨文化情形下，这样做的代价更大。比如，不习惯看到一个人在交谈过程中保持沉默的领导者，

第六章
CQ 战略:千万别太任性

可能错误地认为沉默是因为不理解或者感到很无聊。相反,习惯用沉默向谈话者表示尊重的文化背景的领导者可能会把对方的沉默理解成尊重,而实际上对方是真的觉得无聊或者没有弄清楚。

自我意识可以让我们时刻准备根据不同文化来调整自己。当我第一次到一个公司或者组织访问时,我会观察墙上挂些什么,办公室是如何排放的,员工的着装以及不同职位所使用的称呼,什么样的成员被邀请来参加和我的讨论,谁的权力大,谁有最终决定权,参与讨论的各方背后利益关系都有哪些,等等。

CQ 决策帮助我们回答经历到和看到的现象背后的原因。为什么某个地方的谈判总是用某种方式来进行?为什么某个组织的领导结构是这个样子的?为什么一个办公室摆放成某个样子?

在自己熟悉的环境中,这样的思考过程毫不费力。我们知道如何区分和一个同事或者一个亲密朋友打招呼的不同方式。我们知道如何轻松地推销自己或者对一个下属表达自己的感受。如果情商高的话,我们知道如何解决冲突、如何与人有效沟通。但是,新的文化环境需要我们用不同的方式来做上面提到的所有事情。辛辣的幽默可能在某个组织文化中可以增加同事之间的友好关系,而在其他情况下可能会让人们对你失去信任感。不去参加一个晚宴可能在某个文化中搞砸同事关系,而在另外的文化中则无伤大雅。

自我认识

第三章我们谈到诚实地审视自己对于跨文化工作的兴趣（CQ动力）。同样的，自我审视也是CQ战略的重要方面。许多组织很重视员工自我认识，人力资源部门也会提供各式各样的测试工具来增加员工的自我认识。这类训练和测试对于提高CQ战略也很有帮助。根据唐·克利夫顿（Don Clifton）的强项测试结果，我的最强项是"追求成功"。我这类人往往能从努力工作和工作效果中找到最大的快乐。③在面对较为放松的文化时，由于人们把人际关系放在工作任务之上，我就会时刻提醒自己这个所谓的"强项"。由于自我认识，我理解为什么有时候会在某一天工作效率不高时感到非常挫败。我也可以通过重新定义工作效率来降低自己的挫败感，因为我可能面对的文化更重视人际关系而不是完成多少工作。这样的自我认识使得我们能看到挫败和沮丧背后的东西。

自我认识的形成一部分是源于我们对自己文化的理解。随着我们更多地意识到文化对自身行为的影响，以及我们意识到其他人是如何根据我们的文化背景来看待我们的，我们开始有意识地被这些因素影响。比如，我们知道世界上大多数人认为美国意味着两样东西：战争和海岸警卫队。由于有这个意识，美国领导者就可以多注意和他们交往的非美国人是否也受这种思想的影响。

第六章
CQ 战略:千万别太任性

自我意识可以让我们更有效地利用和世界各地合作者一起工作而投入的大量时间和资金。在不同文化和时间区里穿梭的最大负面影响就是倦怠和疲惫。自我意识往往可以极大地减轻跨文化工作中常见的挫败、倦怠和疲惫。

他人意识

当我们对自己内心有更多了解的同时,也需要对于其他人和环境有着同样的意识和理解。通过对北美地区短期志愿者的研究,我发现他们最缺乏的就是他人意识。许多志愿者到发展中国家去参与救灾、建立医疗所、教英语或者参与宗教传教活动,回到北美后经常会提到这样的结论:"那些人什么也没有,但是他们很幸福!"这样的话听上去挺可爱。但是,我的问题是,那些人真的幸福吗?我问了几百个人这样的问题:"你怎么知道他们很幸福?"经常听到的回答是:"他们总是面带微笑或者大笑。他们对我也非常慷慨,把他们自己都舍不得吃的食物给我吃。"我自己也亲身经历过这样的情况,当地人往往会对外宾开心、热情地微笑。但是,这样的行为到底意味着什么呢?

首先,如果你不懂对方的语言、第一次和一个人见面,你会怎么做?简单蹦上几个问候语之后,我们往往就会大笑,那种尴尬的笑。可能是表达幸福,也可能是紧张尴尬的反应而已。许多文化中这类行为更多是用来表达尴尬和紧张的,而不是快乐和幸福。

另外，像泰国这样的地方，人们用23种不同的微笑来表达不同的意思。在新西兰的一个很小、非常注重礼仪的地方，微笑是人们在受到极度污辱后表达不满的表情。④正如我先前说过的那样，你大可不必学习每个行为背后的多种意义。但是，随着他人意识的增强，我们知道微笑可能是表达高兴的方式，同样也可能是当人们感到尴尬或者紧张时的表现。

结合CQ知识的意识可以让我们对外界做出更准确的解读。当人类学家第一次考察一个新文明时，他们的常规问题是："我想知道为什么是这样？"

我们观察不同文化背景的团队成员和客户时，这也不失为一个好方法。遇到一个员工或者客户每次电话会议后总会发一封较长的电子邮件时，你不要想当然地认为你知道个中原因，而是应该问自己这样的问题："我想知道为什么是这样？"当某个地区的人总是和你辩论所有的新举措时，问自己这个问题可以帮助你更好地了解这些现象背后的原因。当然，到最后你总是需要解读这些行为并决定如何对待。当你面对文化差异时，解读和采取行动的步伐则需要慢下来。

下面的方法可以帮助你更有意识地认识多元化团队和不同文化背景的客户：

第六章
CQ 战略：千万别太任性

- 至少用一半的时间倾听你的下属。这样的工作方式当然永远都很重要，但是在管理不同文化背景的员工时尤为重要。

- 定期和国际合作伙伴沟通，听听他们的想法。

- 向一线的销售人员请教什么产品销路好（什么不好）。不要忽视来自一线员工的反馈。

- 多方求证。定期查询在线资料，看看地球上其他地方的人们都在关心些什么问题。

- 阅览各种不同的报纸。在不同的地方（伦敦、迪拜、莫斯科）最畅销的书是什么？最火的电影是什么？

- 关注艺术、电影和戏剧等最新走向。

- 仔细观察你自己不熟悉的行为方式（比如：用双手接零钱），再看周围其他人是否也是这么做的。向文化教练请教该行为是否为当地习惯。

这些方法在我们熟悉的环境里也十分有用，对于提高我们对一个不熟悉环境的有意识的认知更为重要。有意识认知不需要花很多时间，往往在我们穿梭于不同的会议、旅途和谈话的间隙就可以完成。训练自己仔细观察容易忽略的现象往往是我们提高 CQ 战略的最好方法。

审视你的假设和计划是否合适

CQ 战略的另一个重要方面就是在和不同文化背景的人交往时观察你原来的计划是否合适。一次,我在马尼拉和一个菲律宾男士共进晚餐,他想让我帮忙组织一个全球领导力会议。根据我对菲律宾文化的理解,我计划当天晚餐的主要目的是增进相互了解。如果谈话进行得顺利的话,我会在结束时略微讨论一下会议的事,确定具体下一步怎么做。

我们刚坐下来,这个菲律宾朋友就问我:"这个事情会花多少钱?"我顿时错愕了。即使是和西方朋友一起,这样直接、突然的问题也比较少见。我不知道这位菲律宾朋友是否就是这样的风格,还是他觉得我是美国人而做出了相应调整。我想探探究竟,就回答道:"今天我请客。你随便点。"他马上答道:"我不是说晚餐。如果你来做演讲嘉宾、你的中心帮助我们计划和促销这个会议,总共花多少钱?"我决定再进一步看他是否真的喜欢这样的生意方式,我回答:"我们当然会讨论这个问题。但是,今天晚上我们主要是相互了解,然后我们可以看是否能组织这个会议、如何组织这个会议。"他马上反驳道:"能最终见到你,我当然很高兴!但是,如果我不知道花费多少,继续讨论这个问题就没

第六章
CQ战略:千万别太任性

有什么意义。"

我根据对于菲律宾文化的了解制订了CQ计划:建立个人关系,让生意在关系基础上自然发展。但是当我注意到这个菲律宾朋友希望用另一种方式的时候,我反复检查了自己的解读,直到我清楚地知道菲律宾常规做法不适用这个朋友,至少在处理这个事情的时候是这样。我改变了方法,马上讨论生意上的事。六个月后我在他组织得非常完美的会议上担任演讲嘉宾。

审视是CQ战略的最后一步,它让我们重新考虑原来的计划是否合适。我经常和西方跨国公司的亚洲中层干部讨论为什么他们无法打破玻璃天花板,做到更高的职位。他们自己认为是因为他们不够自信。许多被提拔到高级管理职位的亚洲领导者往往会有计划地多表达自己的观点,这样做并不是他们的本性使然,而是因为西方的高管更愿意提拔那些勇于表达自己的人。但是,西方领导者在和亚洲员工交流时,也需要注意什么时候、如何表达自己的观点。CQ战略较高的领导者往往会观察亚洲同行们的交流风格,比如轮流发言以及事先准备好如何说、说什么等。同时,还需要仔细审视其他人的反应。⑤无论你是往哪个方向调整,你都会调用更高程度的认知能力,从而收获更好的跨文化交流体验。自我意识、计划和检查(审视),这三个思维过程经常是同时发生的。这个过程的目标就是更经常、更熟练地提前计划、对于自己和他人保持清醒的认识并审视自己的策略是否有效。

150 　　CQ战略的整个过程中另一个非常重要的方面就是接受偶尔会遇到的误解和困惑。至少要明白这样的道理：即使CQ非常高的领导者在一个新的文化背景下也会遇到对特殊事件和行为无法马上理解的时候。出现这样的情况后，这个领导者需要延迟自己的判断，保留自己的假设并欣然接受这种未知状况。CQ战略包括接受这种挫折感、愿意接受自己不知道的事实，因为这样的心态往往会让我们更好地对状况继续进行准确评估，从而能对事件最终做出准确解读。⑥当我们拥有这样的理解和策略习惯后，CQ行为就会让我们比其他采用"一起照旧"和凭直觉来管理的人更具有竞争优势。尽管我在利比里亚获取关于琼斯博士信息的方法不算好，但是同事摩西的提点和我用心留意自己的交流方式后采取的补救措施还是帮助我完成了任务。我后来的谈话就更有计划，同时我也注意观察利比里亚领导人对我提问方式的反应。这样的策略从很多方面来看都是非常成功的，它决定了我出差到利比里亚纯粹是浪费时间还是不辱使命。

　　鉴于我们中的许多人都会接触大量跨文化场景，要了解不同文化背景的文化冰山中最深处的区别是不现实的。这样的任务即使是和我们身边亲近的人都很难实现。作为家中唯一男人的我，往往对于家里人的想法也弄不明白。但是，支起我们对自己的假设和计划是否合适的天线，至少可以提高我们的跨文化领导能力。时刻审视也可以帮助我们确认或者否认自己的解读是否

第六章
CQ战略:千万别太任性

准确、计划是否有效。

总结

我们最终没有和琼斯博士和他的麦迪生学院合作,而且我最近听说哈瑞斯博士也从那个学院辞职了。而我至今都还从上次的交流中受益。我目前正在和中国的几个机构建立战略合作关系。对于是否和某个中国领导者以及他的企业合作的问题,我们也从不同的途径得到了相互冲突的建议。有些人建议我们必须和这个领导者合作进入中国市场,而其他人则强烈反对和他建立合作关系。收集这类信息当然不容易,但是CQ战略正在帮助我制订如何收集准确信息的计划。中国和利比里亚是非常不同的地方,而我从利比里亚的工作中学到的教训正在帮助我面对今天在中国面对的挑战。

一旦你学会了CQ战略的各个技巧,你还可以应用到各种不同的关系之中。你甚至可以用在和"叛逆"的青少年打交道上。你问自己,"他们的黑衣服、耳洞、文身和音乐背后的故事是什么?"而不会简单地得出关于这个群体的结论。或者,你会习惯思考这样的问题:一个我在办公室常开的玩笑为什么没有得到相同的反应?

CQ战略之所以非常重要有以下几个理由:第一,有意识的计划会激发你的创造力和创新意识,而不是简单地用你在熟悉环境里惯用的方法来处理工作。第二,有意识地提醒自己会让我们积极审视计划是否适合某个具体的情形,审视让你在不断评估战略的过程中完善和修改自己。

CQ 战略小窍门

1. 采用"为什么、为什么、为什么"的方法。不断问自己"为什么"(至少5遍),我们对于一个问题的理解就会更加深刻。⑦比如:

- 我们和日本方面还是没有把合同签好。为什么?
- 他们不在我们离开前签。为什么?
- 他们对于苏珊(Susan)不再担任他们的客户经理感到不高兴。为什么?
- 日本领导人之间建立信任往往需要很长的时间。为什么?
- 因为信任建立在关系基础上,而不是签合同。为什么?

你可能不要直接问其他人这样的"为什么"问题,因为这样往往显得比较出格。但是,你自己问自己是个不错的方法。

第六章
CQ战略:千万别太任性

2. 坚持写跨文化交流的日记。日记里可以记录一些对于像图6-1解读之类的基本信息,也可以描述自己跨文化交流的具体细节并提出问题和见解。过一段时间拿出来读,有时候还可以和同事讨论你过去的经历。[8]

3. 在观察和阅读中思考跨文化现象。当你阅读专业期刊或报纸,或者看电影时,观察跨文化的场景,想想你自己会如何处理当时的情况。千万别很快地解决那个问题,而是让自己更有意识地计划并审视计划是否合适。

4. 积极计划。当你要完成一项涉及很多跨文化问题的工作时,仔细思考你会在哪些方面采用不同于其他人的处理方法。

5. 文化向导。当你需要在一个文化环境中工作很长时间时,最好找个文化向导。仔细挑选文化向导,注意考虑如下方面:

- 他们是否知道你要面对的文化和其他文化的区别?
- 他们自己是否有清醒的自我意识和他人意识?
- 他们对于你的文化是否了解,包括你的国家文化和行业文化(比如:工程师或者医疗行业)?

- 他们自己是否在许多不同文化中工作过?
- 他们会问你很多问题还是简单地告诉你怎么做?
- 他们是否知道什么样的人格特质容易在这个文化中遇到问题?

具有多元文化意识的文化向导会让你受益匪浅。文化向导的重要作用之一就是帮助你找到工作开始前应该问自己和他人的诸多问题。

第七章
CQ 行动：忠于自我、进退有度

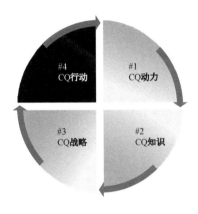

CQ 行动:我需要做哪些行为上的调整?	
在跨文化交往中适当调整语言及非语言行为	
CQ 行动高的领导者	CQ 行动高的领导者能够将不断提高的 CQ 动力、知识和计划应用到具体行动中。他们可以根据不同的情况启用各种不同的行为模式。

两年前,西蒙离开了在芝加哥一家快速发展的公司的 CEO 职位,成为一家位于新英格兰的较小文

理学院的校长。这个文理学院具有悠久的历史和良好口碑,但是近几年一直没有什么起色。学院的组织机构僵化、学生数量下降,而且学校的教职员工和学生的多样化程度非常低。西蒙似乎非常适合领导这个学院:西蒙非常重视教育,他自己就拥有芝加哥大学的博士学位。他有着临危受命的骄人战绩,一个具有创新意识和个人魅力的领导者,而且他自己的华人文化血统也使他对于不同文化有着天生的好奇心。西蒙同意加入我的一项以学术领导者为对象的 CQ 研究项目。他自己认为是 A 型人格,强迫症型的领导者。他体格健壮、衣服总是熨烫无褶、办公室总是摆放整齐,他迷人的笑容和极富感染力的性格也是相得益彰。

西蒙自己说,他在这个学院前两年的工作是他目前遇到的最艰难的挑战。这样的话从他嘴里说出来也是不容易。他上一个公司在他入职前刚申请了破产保护。在不到三年的时间里,他将这个公司扭亏为盈,而且他管理时期是该公司 25 年历史上利润最高的时期。在这个公司之前,他的更前一家公司也是靠他扭亏为盈的。但是,西蒙这次却遇到了困难。他领导文理学院的前 24 个月里业绩乏善可陈。尽管学院的财务状况更好、学生数量也至少在上升,但是这离西蒙的要求还很远。

西蒙对于学术圈的文化还是比较了解的,他知道不能用以前管理公司的办法来管理学校。虽然他目前生活在种族不是很多元化的新英格兰地区,他对于新文化环境的适应能力一直很强。

第七章
CQ 行动:忠于自我、进退有度

西蒙非常想把学院搞好,也根据他自己对于教育和商业方面的背景为学院摆脱目前困境做了详细计划。但是,他知道自己的领导成绩实在不算好,和他以前的成功经历相差甚远。

当我上次到学院访问西蒙时,他邀请我参加了他给教职员工召开的一个远景规划会。西蒙刚讲了几分钟后,我就被他的规划吸引了。通过丰富的内容和恰到好处的幽默,他给学院描绘了一幅美好蓝图。我都想到这个学院来工作了。但是,当我环视四周,发现许多听众似乎丝毫不为所动。他们看上去根本就没有上心、觉得非常无聊。如果我是给他们讲座的人,他们呆滞的目光可能会让我崩溃。但是,西蒙还在接着讲,而且他的个人魅力和演讲风格似乎越来越强烈了。

西蒙想要把学院领导好的强烈意愿当然非常重要(CQ 动力)。而且,对于不同文化的知识储备也非常重要,包括组织文化、不同国家文化和种族文化(CQ 知识)。另外,我们还需要具备根据知识储备来计划和准确解读环境的能力(CQ 战略)。但是,最终我们需要问自己这样的问题:"我能在这个环境中有效领导吗? 我能让我的团队自觉地、全心全意地把劲往一处使吗?"我们是否能完成领导任务最终是要用业绩来说话的。

CQ 的最后一步——CQ 行动——到了"是驴是马,拉出来遛遛"的时候了。我们知道如何理解对方的谈话内容吗? 我们能够有效地交流吗? 我们可以带着尊敬的态度恰当调整自己的行为并且保留自己的特色吗？CQ行动衡量我们在跨文化环境中适当改变语言和非语言行为的能力。CQ行动的目标是在忠于自己的前提下，为了达到目的而做出必要的改变。正如本书的开篇所言，CQ模型的最大新意在于它强调由内而外地改变自己的观点和看法，而不是简单地告诉你"该做什么"或者"不该做什么"。人为地改变自己的某些行为会让我们在跨文化领导中缺乏灵活性和可持续性。①我们持续由内而外地改变自己将会通过行动给他人留下印象。

具有讽刺意义的是，适当调整CQ行动的最有效方法是通过增强CQ其他三个方面的能力。CQ行动包括三个方面：语音行为、言语行为和非言语行为。②CQ行动帮助我们改变沟通方式、调整领导风格并且知道什么时候改变、什么时候不改变。

如何提高CQ行动

1. 调整你的沟通方式
2. 调整你的领导风格
3. 知道什么时候调整、什么时候不调整

关键问题：在完成这个跨文化工作的过程中我需要调整哪些行为？

第七章
CQ 行动：忠于自我、进退有度

调整你的沟通方式

第四章（CQ 知识）强调了语言在有效领导中的重要作用。无论是分享自己对未来的愿景、建立信任、下达命令，还是处理矛盾，能否完成任务的关键是看领导者能否有效、清晰并用尊重对方的方式和被领导者沟通。沟通不仅要传递正确信息，还要让对方愿意接受这些正确的信息。几乎所有领导力方面的书都强调了沟通的重要性。在我看来，西蒙的沟通方式非常流畅。但是，他的教职员工并没有接受他的信息。和他们一部分人访谈时，发现他们并没有认同西蒙描绘的美好愿景。教职员工反复强调西蒙的领导方式就好比一个外行想把学院变成一个商业机构。有几个教授对于西蒙不断用"利润、企业、资本运作"之类的词汇非常反感。这些便成了西蒙不了解学术界的证据。由于他经常引用他以前公司的故事，经常把凤凰城大学（University of Pheonix）当成成功案例，他卓越的演讲和沟通技巧并没有打动他们。③其他员工的反应和教授的一样，他们大多数是新英格兰本地人，西蒙热情洋溢、充满魅力的演讲让他们觉得西蒙好像是在向他们兜售什么东西。他们觉得西蒙的演讲好像是上台表演一样，而不是和同事们进行沟通。一个女性员工甚至说他就好像是个"旧车销售员",想要操控学院。这个新英格兰学院的文化现实和西蒙以往的领导风格显然产生了冲突。我们往往忽略了同一个国境线内的文化差异。西蒙的同事从来没有提到他的亚洲背景是他领导该学院的绊脚石。但是,他的公司背景和中西部文化却是最大的障碍。

在一个新文化环境中能够有效沟通的能力是 CQ 其他三个能力的自然体现。我们需要 CQ 动力来提供重新学习如何在新环境中建立信任、激励下属所需要的能量和动力。CQ 知识则让我们了解该新环境的文化体系和价值观以及哪些应该或者不应该使用的词汇等。CQ 战略让我们做好充分的计划、自我认知和反思,从而能够在实际交流中有效应用 CQ 知识。在不同文化交流中最为重要的三个方面包括遣词用句、表达方式和非语言行为。④

遣词用句

某些词句在一个文化中可能会让人对未来充满想象和期待,而在另一个文化中可能让人难以信服。我随便就能想到不少人会被西蒙的演讲所折服、对未来充满希望。但是,他的学院同事们却没有同感。事实上,西蒙的演讲让我深受感动。但是,我的感动并不重要,他的员工们的感动才重要。

在跨文化的领导工作中,下面几个方面非常重要:话题、请求、道歉和赞赏。

第七章
CQ 行动：忠于自我、进退有度

话题

知道什么样的话题在不同的场合是否合适，是我们调整跨文化交流行为的重要方面之一。这当然适用于与工作相关的话题，但对于非正式的社交场合更为重要。前面我提到下班后和不同文化背景的人一起去喝酒比在工作中交往更加富有挑战性。而这样的非正式交往比工作交往更重要。

来自其他文化背景的人有时候会问我挣多少钱或者我家的房子值多少钱，这类问题在我自己文化中，即使是好朋友都不太会讨论。我的其他同事告诉我，他们被其他人告知很"肥"（Fat）。而这样的用语是我告诫自己的孩子千万不能用的词语。但是，这样的用语和话题在有些文化中完全不会被认为是缺乏尊重的表现。事实上，在非洲很多地方，如果有人说你"肥"，那还是一个"实打实"的赞美，因为这说明你有钱、成功。有些时候，我也可能会被人看做是个粗鲁的人。我曾经问其他文化的单身朋友有关恋爱的问题，后来发现这样的话题在他们的文化里显得过于直接。或者，有时候我忘了问候他们的家人、忘了多谈论自己的家人。

还有许多类似的例子。除非对方明确希望和你讨论，宗教和政治话题一般是北美同事之间的禁忌。但是，许多德国人非常看重公开地讨论这类话题，以便双方能够好好争论一番。对于德国人而言,要了解一个人就需要了解这个人在不同问题上所持有的观点并进行辩论。相反,中国人第一次见面相互了解的方式则完全不同。与那些容易引起争议的话题相反,他们可能会介绍自己的家庭背景并询问对方的家庭情况。只有在友好关系确立后,才会讨论社会和政治问题。北美人和日本人可能会在餐桌上继续讨论生意,英国人往往觉得工作时间之外就应该结束工作上的话题。如何选择谈话策略和话题往往是我们在适应不同文化环境时需要注意的地方。⑤

没有什么比幽默更能体现不同文化交谈规则的差异化了。笑话之所以好笑,是因为我们有共同的理解和过往的历史。我最近和一个华裔女商人在飞机上邻座。她经常飞中国,为说英语的公司培训员担任翻译。她提到,大多数美国或者英国的培训员往往在讲座开始前先开个玩笑或者幽默一下。这样的方法对于他们自己的文化往往效果很好。但是,我的邻座却告诉我,她往往不会翻译这个部分,而是用中文对听众说:"我们的演讲嘉宾正在讲一个笑话。礼貌的做法是——笑"。无论是公共演讲还是个人之间的谈话,幽默都需要很深的文化理解才能产生共鸣。

CQ高的领导者需要知道在社交和非正式场合的话题深受文化价值观和假设的影响。在仔细选用合适的词句时,首先要考虑话题是否合适,并有效利用闲聊的机会增进和不同文化背景人们的交流。

第七章
CQ行动：忠于自我、进退有度

请求

知名语言学家海伦·斯宾塞·奥体(Helen Spencer-Oatey)曾经说过，文化差异经常体现在如何向他人发出请求上。从间接交流为主的文化背景(比如中国)来的人往往会用建议的方式来发出请求。但是，美国或者以色列的人们往往用更直接的方式来命令或者要求对方。看看下面从非常直接到非常间接的方式要求员工提供预算报告：

- 做个预算报告！
- 我要你做个预算报告。
- 你可以做个预算报告吗？
- 你能不能做个预算报告？
- 如果有个预算报告是不是更好？⑥

领导者需要知道不同个人和文化对于直接或者间接请求的习惯程度，并适当做出调整。而且，权力距离还会让请求的方式生出更多变化来。即使是注重间接交流的文化，如果权力距离比较大的话，职务高的领导也会对下属给出明确、直接的命令(例如，中国的老板让助理做预算报告时，也会比较直接)。但是，一个下属则需要对上级使用非常委婉的方式做出请求。同级同事之间则会使用间接的交流方式，除非一个员工想要表达对另一个员工的权威感。所以，你需要在一个等级制度中找到自己的位置,然后恰到好处地调整交流的直接或间接程度。

苏珊(Susan)是北美派驻法国的管理人员,她发现了在巴黎买东西时正确发出请求的重要性。苏珊能说一口流利的法语,但这并没有减少她在巴黎交流的困难。早期来到法国的一段时间里,她总觉得法国人好像就是不喜欢美国人。无论什么时候她问服务员像"在哪能找到口红"之类的问题时,总会收到简短、敷衍的回答。一天,她的法国朋友建议:"你下次到商店用这样的话开头:'你能帮我一个忙吗',如果对方说'好'(他们往往都会说'好')后,你再让他们帮你找口红。"苏珊试过后,发现这个方法屡试不爽。因为她现在把自己置于一个需要帮助的对象,而不是一个提要求的人的位置上。她后来将同样的方法用在和同事以及下属沟通上,惊喜地发现效果一样很好。有时候,就是这样一个简单的语言调整就可以让我们更好地达到目的,无论是购买口红还是开启一项全新的项目。⑦

我认为在访问任何一个地方时,最需要掌握的句子就是"对不起,我不会说××话。你会说英语吗?"这样就把我置于一个需要帮助的位置,而不是假定所有人都愿意用英语来帮助我。即使我不会用当地的语言来表达上面的意思,先问对方是否会说英语,表明我没有简单地认为对方应该会讲英语,而是希望对方对我施以援手。

第七章
CQ 行动：忠于自我、进退有度

道歉

交流的另外一个挑战是决定什么时候道歉、如何道歉。多数文化都认同一个事实——如果你冒犯了别人，你就应该道歉。问题在于，什么样的事情就算冒犯？最恰当的表达道歉的方式是什么？

在加拿大家庭长大的我，把"对不起"常常挂在嘴边，因为加拿大文化强调不要干扰别人。在巴西之类的地方，我撞上某个人后往往会说"对不起"，后来发现那里的人往往回敬我一句："为了'什么'对不起？"在我自己的文化中，侵犯了他人的私人空间是一种冒犯，但是对于许多巴西人来说，近距离分享个人空间是常事。根据同事的文化背景决定什么时候道歉、如何道歉非常重要。从共时性文化背景来的人往往不会觉得迟到一个小时是一种冒犯，但是一个高 CQ 的人应该知道：让一个历时性文化背景的人等一个小时是需要向对方道歉的。对于历时性文化背景的人来讲，让其他人等一个小时是在浪费时间和对对方的不尊重。另一方面，突然结束和一个来自共时性文化背景人的谈话而去赴下一个约是需要道歉的。在强调等级制的文化中，即使没有什么真正的冒犯发生，地位较低的一方也需要向地位高的一方表达致歉之意。我们后面会谈到，作为一个外人没有必要模仿所有的行为，但是了解这些交流方式背后的原因还是非常重要的。

韩国的广告电子邮件往往这样开头:"我们很抱歉给你发送这个广告邮件。"用道歉的方式发送广告邮件在韩国文化中显得更可信,但是北美消费者可能以为这是该公司示弱的表现。所以,我们需要知道在和不同文化背景的人相处时,什么时候道歉以及如何道歉。

随着我们对于文化价值更多的理解,CQ战略可以帮助我们将CQ知识灵活运用,恰到好处地做出道歉和接受道歉。

赞赏

赞赏是交流中需要CQ指导的另一个方面。当别人赞赏你时,是应该接受还是拒绝,更让你显得不是在自鸣得意?当你想鼓励一个同事或者下属时,最好是在公共场合还是私下里,或者干脆不说?赞赏最好通过语言、礼品还是其他手段?大多数西方文化都会觉得,当别人赞赏你时,最好的方法就是接受。但是,许多东方文化恰好相反。在中国和日本这样的地方,拒绝或者否认别人的赞美之词是最好的方式。当然,同一个文化中由于个性和家庭环境的不同往往会出现个体差异,这就需要我们在赞赏和肯定别人时,清楚地意识、计划并反思自己(CQ战略)。

一个领导者可能觉得赞赏一个员工会让他更加努力工作;但是如果该员工觉得老板过于亲热,超出了上下级关系应有的程度,效果可能适得其反。另外,在集体主义文化长大的人,从小就

第七章
CQ行动：忠于自我、进退有度

知道不要出头，如果公开表扬一个员工，可能会让他觉得不好意思或者羞愧。另一方面，集体主义文化背景的上级如果对个人主义文化背景的同事或者客户不做出个性化的肯定和鼓励，则会被认为是没有感恩之心。

领导者需要针对不同文化背景的人适当调整自己鼓励员工的方法。从根本上尊重员工并且谨慎地调整自己的判断，往往会让领导者不断提高表达自己的感谢以及肯定员工的技巧。

有效的领导在很大程度上取决于语言的交流。在同一工作环境中，几种不同语言同时使用带来的挑战最大。愿意学习新语言或者知道如何使用翻译的领导者往往是市场所需要的。但是，当我们在跨文化环境中进行交流时，即使我们使用同种语言，上面谈到的几个交流行为往往也会对我们的领导工作产生重要影响。

表达方式

前面我们讨论了语言的重要性。西蒙的教职员工不只是不喜欢他的用词，还包括他的表达方式。即使是用对了词句，如何表达也可能带来巨大的误解。高文化商的领导者需要学习什么时候用书面形式、什么时候用电话或者什么时候面对面地交流。他们需要根据不同观众适当调整自己的情绪、语速和风格，并不断积累自信。在一个权力距离较低的文化，领导者和他的行政助理与他和副总裁的说话方式可能没有什么不同。但是，在权力距离较高的文化里，则大不相同。我们随后会讨论非语言交流的问题，现在让我们把目光聚集到语言表达方式。

许多以英语为母语的人不知道和英语不是母语的人交流时需要调整自己的表达方式。我自己也是在不断地学习。因为从小在纽约长大，我说话语速很快，而且会表现得热情洋溢。在和英语不是母语的人交谈时，尤其是公共演讲时，我总是不断提醒自己要放慢语速。对母语不是英语的听众演讲时，需要注意下面几点：

- 语速要慢！慢、再慢、更加慢……
- 清晰、清楚地表达。
- 避免过于口语化和使用成语。
- 用不同的词语重复表达重要的观点。
- 避免长句、复杂句。
- 使用视觉材料（比如，照片、图表等）来支持自己的观点。
- 演讲时适当把握故事和理论观点的微妙平衡。
- 分发书面总结材料。
- 多停顿。

上面的策略往往也适用于小组和一对一的交流。我们需要

第七章
CQ 行动：忠于自我、进退有度

找到自己觉得最舒服的表达方式，这样别人才能觉得自然、真实。但是，我们也需要找到在面对不同观众时如何"自然"地调整自己的方式。西蒙需要在找到自己感到舒服的演讲风格的同时，根据他所领导的新英格兰学院文化来适当调整。仅仅问大家"懂了吗？对不对？"是不够的。我们需要设计一些问题或者活动来揭示听众到底理解了多少。文化教练也可以帮助我们检查自己的调整计划是否有效。

非语言行为

你可能听说过这样的话："你不可能不交流。"尽管语言和语言表达是交流的重要组成部分，但非语言行为同样重要、甚至更重要。了解不同文化对非语言行为的影响至关重要，包括距离、身体接触、身体姿势、手势、面部表情和目光对视等等。

距离

当有人侵犯自己的私人空间时，我们大多数人都会感到不舒服。合适的距离有着巨大的文化差异。大多数安哥拉文化群的两个人谈话的平均距离是 50 厘米（20 英寸），而拉丁文化群更近，约为 35 厘米（14 英寸），到了阿拉伯文化群，这个距离变为 25 厘米（10 英寸）。阿拉伯人可能会误闯安哥拉文化群认为的私人空间而被认为是侵略或者侵犯。相反，阿拉伯人可能觉得安哥拉人非常冷漠。[8]距离意识对于我们跨文化交流的影响,可以体现在如何摆放一个培训现场椅子之间的距离、办公室如何摆放、老板和员工之间如何交流等。我们要学会注意社会距离如何影响人与人之间的交往方式并做出合适的调整。[9]

身体接触

见面握手是西方常见礼仪,已经被大家广泛接受为职业场合的合适动作。但是,握手的强度、时间长度以及谁先伸出手在不同文化中存在着非常大的差异。在许多场合,如果你不从最高职位的人开始握手,会让人觉得粗鲁无礼。有时,你应该把手搭在对方的后背或者肩上,而有些时候又不应该。在决定身体接触的合适行为时,我们需要考虑不同的等级、性别和年龄等因素。比如,权力距离较高的文化里,你应该注意握手的顺序是从权力等级高到低进行的。和权力高的人握手时,你的左手应该放在右手腕上。许多非洲文化的握手往往比较轻,但是握手的时间比较长。这类的线索对于我们领导工作非常重要,需要观察别人的此类举动以及你自己的习惯。一般认为,北美、北欧和亚洲的人,身体接触是偏少的;而拉丁美洲、南欧、东欧和中东地区的人,身体接触比较多。当然,我们还是要注意个体差异。

身体姿势

各个文化对于我们如何坐、站、鞠躬等行为都有非明文的,甚

第七章
CQ 行动：忠于自我、进退有度

至是无意识的规定。年龄、性别和等级还可能进一步影响我们和其他人交流的姿势。在日本、韩国和泰国等国，鞠躬是非常重要的非语言行为。如何鞠躬存在相当复杂的非明文规定，对于一个外人来讲是无法完全理解的。千万别感到招架不住，高 CQ 的领导者应该知道那些动作是留给当地人的。我们需要做到的是，知道什么时候适当做出调整。

手势

人们在说话时往往会使用手势。不懂对方的语言就会让手势更加难以理解，而且手势又是一个高度个性化的交流行为。尽管存在某些文化习惯，我们需要用 CQ 战略来区分哪个手势是受文化影响，而哪个手势是个人习惯使然。比如，注意观察某个人如何用手指东西，再看同一个文化的其他人是否用同样的动作。我曾经在一个国际演讲场合把手放到裤子口袋里而传递出了错误的信息，因为这样的动作在有些文化里是过于随便或者不尊重人的表现。在你看到一个新的手势并准备模仿前，一定要首先验证你的假设，谨慎行事。

面部表情

前面我们提到了国际义务工作者假定微笑的穷人很幸福的例子，说明面部表情可能会误导我们。我经常听见西方人看到一个印度人的家庭合影时，问为什么每个人都那么严肃，不笑？前面第五章提到中性和感性文化的区别,有时候该文化差异也体现在面部表情上。准确解读别人的面部表情可能是我们需要面对的最富挑战性的任务。当你在跨文化场合判断人们的面部表情时一定要谨慎。同时,我们和其他文化的人接触时也需要适当调整自己的面部表情。

目光对视

非语言行为的最后一个重要方面是目光对视。不同文化对于什么时候、多长时间和对方进行目光对视都有不同的习惯。而且这些习惯往往根据性别、年龄和身份的不同还会有更多的非明文规定。一次,一个经理告诉我,她要招一个员工,一个小伙子符合所有的条件,但是他就是不和这个女性经理进行眼神接触。所以,她觉得他不值得信任。我问这个小伙子的文化背景,"他是沙特阿拉伯人"。尽管阿拉伯人往往习惯比其他文化进行更长的目光对视,但许多沙特男子从小就学会了避免和女性产生直接目光对视。多数阿拉伯文化区、拉丁文化区、印度和巴基斯坦的人们目光对视一般较长,非洲和东亚地区往往觉得过长的眼神接触是表达愤怒或者蔑视的方式,所以会尽量避免。[⑩]

许多人希望找到一个世界上所有文化"该做什么"和"不该做什么"的清单。依靠这样的信息可能会冒很大的风险,因为人

第七章
CQ 行动:忠于自我、进退有度

们的行为模式中往往会掺杂许多主观的因素(比如,一个人的性别、年龄和地位;这个人是否和他或者她的文化背景一致)。但是,当你第一次接触一个文化时,这类信息可能非常有用。特瑞·莫瑞斯(Terri Morrison)和卫·堪那维(Wayne Conaway)的畅销书《吻、鞠躬还是握手》提供了非常有用的信息,但是千万别随意套用。我觉得最能体现 CQ 方法的书是安迪·莫林凯斯(Andy Molinksy)的《机巧》。我强烈推荐这两本书。

我们的目标不是在每个场合都成为完美用词、表达和非语言行为方面的专家。相反,准确观察其他人的行为、进行认真反思并知道什么时候调整你的行为,才是我们希望达到的目标。

调整你的领导风格(比如谈判)

这本书一直在讨论如何根据不同文化来调整自己的领导风格。但是,一个高 CQ 的领导到底是什么样子的?与其泛泛地描述,不如让我们聚焦所有领导都需要做的谈判行为。无论是和董事会、政府官员、员工还是客户沟通,高超的谈判能力是领导力的必要组成部分。无论文化环境如何,谈判的目的都是最终让双方达成令个人和组织满意的共识。谈判的过程往往包括提议、反提议、让步和妥协等。[11]

第五章讨论的文化价值观直接影响我们的谈判风格。杰斯瓦尔德·撒拉库斯(Jeswald Salacuse)在他的《全球谈判者》一书中建议跨文化环境谈判考虑如下十个问题。[12]

1. 谈判目标:合同还是关系?

按照有些文化的理解,合作就是建立伙伴关系,而其他文化则认为合作就是成立合同关系。所以,你首先需要尽快确定谈判目标。如果对方希望建立伙伴关系而你一味强调如何降低成本,一般都会无果而终。如果对方主要想把一个合同谈成,你试图建立关系的方式可能会让对方觉得你是在拖延、浪费时间。

2. 谈判态度:你输我赢还是双赢?

许多谈判书都假定所有人都愿意达成双赢的结果。但是,有些文化和组织的谈判却是要追求自己赢而对方输。双赢的谈判方往往会相互合作、共同解决问题。而你输我赢的谈判方会把谈判看做是战场。你的 CQ 行动往往会让你无论面对什么样的对手都能应付自如。

3. 个人风格:正式还是非正式?

有些文化偏好正式的谈判风格,强调职位、避免讨论私人问题。例如,韩国比北美的谈判风格正式很多。北美的谈判成员往

第七章
CQ 行动：忠于自我、进退有度

往会直呼对方的大名、闲聊一些话题让每个人都放松。最简单也是最安全的方法是先用正式的风格，如果某个文化和场面适合的话，再改为非正式的风格。

4. 沟通：直接还是间接？

在儒家文化的亚洲地区，人们习惯间接性交流，在第一次见面时往往不会给出肯定的答复。间接性交流习惯的谈判人员需要知道，除非非常直接地表达出来，直接交流文化背景的对方往往无法理解自己的意图。如果没有 CQ 方面的训练，直接交流文化的谈判者会将对方的间接交流看做是消极进攻、没有能力做出决定；而间接交流的谈判者将直接交流的对方看做是好斗、操之过急。

5. 对时间的敏感程度：高还是低？

不同文化对于时间的敏感程度是跨文化谈判中最容易产生冲突的地方。在许多亚洲和拉丁文化区，不花足够时间相互了解就达成协议是无法想象的。在这样的文化区，建立关系需要充分了解参与谈判的人，具体方法包括一起共进晚餐或者喝酒、一起游览著名景点、打高尔夫或者一起去看曲棍球比赛。从事这类活动非常重要的原因，是这代表了东道主竭尽全力想了解对方的需要、价值观和兴趣。相反，许多西欧和北美的文化希望尽快达成协议。对这些人来讲，花大量时间来社交似乎是浪费时间。麦当劳用将近10年时间和俄罗斯谈判才得以在其境内开张。所以，调整你对于谈判的时间和相互关系的期望值，跨境谈判一般都需要更长的时间。

6. 情绪主义：高还是低？

谈判时应该带着什么样的情绪？来自欧洲拉丁区感性文化区的人们往往会在谈判桌上表现自己的情绪，而中性文化区（比如荷兰和日本）的人们不会在讨论生意时表现自己的情绪。最后先从中性方法开始，然后随着对方的需要来调整。

7. 共识的形式：总体还是具体？

文化差异还体现在谈判的双方如何看待合同文本。北美谈判方往往希望合同能够预见各种可能的情形，并规定好每种情况下如何处理。但是，许多其他文化，比如说中国，则把合同当作一个总的指导原则，认为合同主要是用来确立双方关系的，而不是一份具象的文本。采用这样的总概性方法，双方往往需要首先依赖相互关系而不是合同来应对不可预期的问题。

8. 建立共识的基础：自下而上还是自上而下？

对方是否愿意通过自上而下的方式，也就是先从大的原则达

第七章
CQ 行动:忠于自我、进退有度

成共识开始,还是自下而上的方式,也就是先从具体细节开始谈。撒拉库斯认为法国人更偏向从总体原则开始谈判,而北美往往从具体实施的细节开始,然后总结到大的原则上。一个组织的文化和个人特点都会影响对方偏向哪种方法。即使在同一个文化里谈判,用 CQ 战略来指导自己都会有好处。

撒拉库斯在书中也谈到了"增进型"和"衰减型"的谈判风格。他是这样说的:

> 衰减型的谈判风格往往先提出如果对方接受所有条款,可以给出的最好方案是什么。而在增进型谈判风格中,一方先给出最差的方案,如果对方逐渐接受更多的条件,再逐渐改善自己的方案。许多观察家认为,美国人一般喜欢衰减型而日本人更喜欢增进型的谈判风格。[13]

9. 谈判团队:个体领导还是集体决策?

任何谈判都需要搞清楚谁是最终的决策者以及对方的权力结构。但是,跨文化谈判时,搞清楚这些问题并不容易。许多集体主义文化在谈判时可能会有很大的团队参与谈判,而且没有坐在谈判桌上的人也会影响最终的谈判结果。个体主义文化往往就是一两个关键人物来决定谈判结果。不要贸然地认为谁是重要决策者,你需要用 CQ 知识和 CQ 战略来弄清楚。

10. 冒险程度：高还是低？

最后，你还需要了解对方组织和个人在不确定性规避方面的特点。不确定性规避高的文化，比如以色列和日本，往往会要求更多的信息和细节来减轻他们对不确定性的焦虑感。相反，如果对方总是没完没了地问"要是这样的情况出现，我们怎么办"之类的问题，不确定性规避低的文化可能会觉得对方对自己不信任或者颇感不爽。

你在谈判和倾听的过程中，一定不要过于依赖模式化的想法。文化的常规模式只是第一步，如果你在整个谈判过程中扩大化或者漫不经心地应用这些常规模式，往往会失之偏颇。你必须看到文化冰山的最下面，仔细观察特定的组织和个人的特点。同时，你还需要清醒地认识到对方是如何看待你的。根据你的文化背景和以往经验，对方对你又有什么样的假想？你应该如何处理他们的事先假想？

有了具体的谈判计划后，你还需要随时调整。首先确定哪些地方是不能变动的：你不希望做出让步后会后悔；但是，同样你也不希望因灵活性不够而导致谈判失败。在谈判的过程中，始终保持 CQ 战略的应用并注意谈判桌以外的活动。如果没有文化中间人的参与和指导，我一般不考虑参与跨文化谈判。你最好找到一个你信任的人帮你分析各种情况。

第七章
CQ 行动：忠于自我、进退有度

上述谈判策略体现了 CQ 行动如何影响我们的领导成效。谈判的过程需要我们具备在不牺牲自己和组织利益的情况下灵活调整自己的能力。跨文化谈判综合考验着 CQ 四个维度的能力。

知道什么时候调整、什么时候不调整

我们总是需要根据其他文化来调整自己吗？那么，到底谁适应谁的文化？过多的调整可能会让对方怀疑和不信任，而缺乏灵活性的领导者又肯定是死路一条。我们什么时候需要调整自己的策略、什么时候不需要改变？什么时候可以不吃那些让我们无法下咽的食物、什么时候应该吃同时暗暗祷告"万能的神，千万别让我吐出来"？随着我们对其他文化和行为的理解不断增加，我们会逐渐娴熟地回答上述问题。

学习是否需要以及何时调整自己的行为来适应其他文化是个复杂的问题。它需要超越对其他文化人们行为的理解，需要用自己的 CQ 知识和 CQ 战略来预期其他文化对于我们的期望以及预见不调整的结果等。

在有些场合，最好的策略是完全不调整。根据其他文化调整自己是一把双刃剑。适当调整自己的交流风格和习惯往往会收到积极的效果,因为这样可以让对方看到你和他们之间的相似性。但是,过分的模仿可能适得其反,会被看成是不诚实和骗人的把戏。⑪过于"本土化"的人往往彻底抹去了自己的文化,就会显得"太过"了。毫无保留地接受新文化而忘记自己的文化根基并不是高文化商的体现。

我有时候看到大人过分适应青少年的情况。青少年看到老师和家长理解、尊重他们的兴趣一般都会心怀感激。但是,这并不是说他们希望看到老师和他们穿一样的衣服,去看同样的音乐会。没有比一个50岁的教练穿着像15岁的孩子更糟糕的了。同样,一个外人穿着土著衣服往往会显得好笑,甚至有些愚不可及。根据当地习俗,妇女穿得更保守些、男人穿衣服的正式程度上做出或多或少的调整等往往会显得比较得体。同样,如果你去日本开会,大多数日本人更喜欢看到你有礼貌、收敛些。但是,他们并没有期望你掌握日本社会类似鞠躬之类的复杂社交技巧。事实上,如果你硬是模仿,往好处想,他们会觉得你好玩,往坏处想,还可能会被认为是冒犯。

我们怎么知道如何去调整?我一般根据对下面的两个问题的回答来确定。

(1) 该文化是"松"还是"紧"?

文化的"松紧"是指一个文化内的社交习俗是否被严格遵守。紧的文化对于人们应该如何行为都会有严格的规定,比如沙

第七章
CQ行动：忠于自我、进退有度

特和日本。什么样的行为是合适的？什么行为是不合适的？社会都会有统一的规范。而"松"文化更多地存在于由四海为家的人们组成的群体中。为了兼容不同的人等，这样的社会往往不会对于各种行为做出教条式规定。泰国和荷兰等属于松的文化。[15]

如果你是一个沙特妇女，你不用花时间多想该不该穿长袍。在一个"紧"文化中，如何着装和其他行为都有严格的规定。日本可能没有沙特那么紧，但是，在东京做出离经叛道的事情比在伦敦需要更大的勇气。

（2）调整是否会牺牲个人和组织利益？

我有一系列的价值观和深信不疑的理念是我不愿意为了适应另一个文化而改变的。我相信你也一样。有些人认为在中国式的商务晚餐中过量饮酒可能有违自己的健康理念或者宗教信仰。而有些公司，如彭博社，不允许员工接受任何礼物，包括由对方付费的晚餐等，以免员工丧失自己作为记者的诚实性。这样的规定可能与很多非常重视礼物交换和宴请的文化相违背。

但是，CQ并不是简单地根据他人的偏好和期望来行动，而是应该根据你自己的核心价值来行事。你需要在心里头装杆秤。与其简单模仿你看到的别人的行为，不如根据自己对于他人文化的理解、别人的期望和自己想要达到的目的来综合考虑。

回答完上面的两个问题后，我们就需要预期调整或者不调整的结果。你完全有权力拒绝和未来客户下班后豪饮，但是，如果这样的习俗在某个文化中非常重要的话,你最好想想在另外的方面如何更努力地调整自己,比如吃下在你面前的各种食物。我尊重彭博社关于禁止员工吃请的规定,但是公司也需要知道这样可能导致与对方关系(两个人之间的联系和相互义务)很难建立的后果。

随着我们经验的增加和 CQ 的提高,是否适应、在多大程度上适应其他文化就会变得非常自然,不用多想。最终目标就是让我们在这样的问题面前变得像在自己文化里那样自然地做出决定。要实现这样的目标最简单的方法就是试错。先试一点,看看反应。在各种不同场合试,并向信任的同事请教做得是否合适。然后再问另一个人,再换个人问。

行为往往是比较模糊的。同一个行为根据是谁做的,在哪做的,和谁一起做的都会有不同的含义。应用 CQ 四个维度的能力,我们会更好地区分哪些行为该调整、哪些行为不该调整。

总结

我的两个女儿性格非常不同。埃默里比较宅,喜欢读书、交谈和家人一起花长时间吃一顿饭。格瑞斯则比较活泼好动、兴趣广泛,她想骑自行车、划皮筏、喝咖啡,同一小时内这些事情都能

第七章
CQ 行动:忠于自我、进退有度

做最好。我想和她们相处时表达对她们的爱,所以根据她们不同的性格,我会做出调整。我不是想当变色龙,我只是想让她们能够更有意义地感受到我的爱。

我们不可能对于我们工作中遇到的所有人的喜好都了如指掌。但是,了解不同人们的文化习惯,能让我们的行为更有效,也更能尊重对方。作为一个高 CQ 的领导者,要对别人表示尊重、知道什么时候调整自己来实现自己的目标。

CQ 行动小窍门

1. 了解你要工作的地区最重要的习惯和禁忌。知道什么时候交换名片、如何交换名片,互赠礼物,握手时是否用左手辅助等。尽管你不可能掌握所有的行为习惯和禁忌,但你需要知道哪些行为会极大地提高或者降低自己的工作成绩。

2. 寻找一致的反馈。鼓励或者反馈对于我们提高 CQ 行动非常重要。试图在工作中寻找诚实的反馈意见。无论是正面的还是反面的,反馈对于我们掌握 CQ 行动非常有用。

3. 一起去。在参加跨文化会谈或者跨文化工作时,带上同伴。一起去面对跨文化谈判和跨文化工作的各种挑战比一个人单打独斗好。

4. 在重要管理团队的招募时考察 CQ 行动。让自己的团队更加多元化不仅至关重要,而且还具有战略意义。这样做并不是简单多招几个未被充分代表的群体的代表就完事了。每个管理职位都应该体现较高的 CQ 行为,尤其是招收代表大多数文化群体的人时更是如此。

5. 警惕针对某个文化团体不合适的笑话和用语(包括不同社会阶层、种族、性取向和宗教等)。只要不影响你的组织目标,应该鼓励员工在着装和行为上的多元化。

Leading with Cultural
Intelligence

文 化 商 引 领 未 来

第三部
借势文化商

第八章
高文化商领导者的"收益率"

在判定新英格兰学院的工作并不适合他之前,西蒙在那任职了六个月。西蒙意识到问题的根源,并且能够清楚知道他该做些什么以适应学院的文化。但是,他并没有发现对方也有适应他的意愿。

既然领导一个新英格兰地区苦苦挣扎的学校的挑战对他来说勉为其难,西蒙随后接受了一家新兴企业的高级职位,从事管理执行的训练与培训工作。这家企业曾经在美国市场非常成功,但最近老板把业务扩展到了欧洲和亚洲,结果造成了最近五年利润率的持续下降,而且上一年还亏损了500万美元。西蒙已经知道了领导不同文化组织、区域和种族所面临的挑战,以及自己所需要做出的重要调整。他想看看自己能否应对一份新的挑战,并且帮助其他的领导者做出同样的事情。随后的几个月里,西蒙与我通过无数次电话和邮件,还一起吃了好几顿饭。

他想对文化商了解更多;他想把文化商(CQ)概念应用于自己的领导行为以及公司所提供的服务。

以他惯有的直接而又友善的方式,西蒙对我说道,"好的,大卫,现在告诉我有关文化商的研究对我们这些普通人有什么用吧!"他列了三项最基本的问题:

- 怎么可以预测一个人文化商的高低?
- 高文化商可以带来什么效果?
- 一个组织提高文化商的投资回报率是多少?

首先,我向西蒙介绍了预测领导者文化商高低的那些因素。随后,我们讨论了在领导工作中应用文化商的结果,以及由此带来的对组织的回报。

文化商的预测指标

什么东西,或者能够有什么东西可以预测一个人具有高文化商呢?全球大量的研究已经证实了,某些个人特质和经历最有可能导致一个人具有高的文化商。[①]记住,任何人都可以提高自己的文化商。文化商教育的重点是培育文化商而不是把它当作天生的素质。但是,了解什么样的个人特质最有可能塑造

第八章
高文化商领导者的"收益率"

一个人的文化商也是很有帮助的。我们将先介绍几个最有可能导致高文化商的个人特质,再回顾哪些经历最有可能提高文化商。

个人特质

我是一个跑步爱好者,无论在世界的哪个地方,我都会每周坚持跑步。但是总会有人跑得比我快。即使使用同样的方法来训练自己的忍耐力与速度,也总会有人因为基因的原因比我跑得快。然而,我还是有可能跑得比那些跑步基因优良、但是从来没有训练过跑步的人跑得快。文化商也是这个道理。一些个人特质可能使得有些人倾向于更容易处理文化差异。但是,每一个人又都可能提高自己的文化商。这些个人特质是如何影响文化商的四种能力的呢?

在众多有关个人特质的研究中,大五人格模型(Big Five)提供了有关个人特质的最为全面的解释。表8-1展示了这五种人格特质与四种文化商能力之间的关系。符号"√"表示特定人格特质与特定文化商能力之间存在正向的关系(例如,外向性与高水平的文化商动力、文化商知识以及文化商行动有关,但是与文化商战略无关;随和性与高水平的文化商行为有关,但是与其他三种文化商能力都没有关系)。[②]

表 8-1 个人特质与文化商之间的相关性

人格特质	定义	CQ动力	CQ知识	CQ战略	CQ行动
外向性	个体外向、社交及与人交往的动力水平	✓	✓		✓
随和性	个体与人合作及信任他人的水平				✓
尽责性	个体自律与坚持计划的水平			✓	
情绪稳定性	个体非情绪化的水平				✓
开放性	个体对不同经历、观点的想象力与接受水平	✓	✓	✓	✓

如果想做一个大五人格的网上测试,你会发现有很多免费的测评并且能够立刻给出你在这五种人格特质上的评分。这将有助于理解你在哪种文化商能力上有胜于别人的优势。外向并不能保证你有高水平的文化商行动,但是如果结合特定的文化商提升项目,外向的人更容易具备较高水平的文化商行动。同样的,外向与文化商动力、文化商知识之间也存在积极关系。如表 8-1 所示,开放性,一种对世界的好奇心,是唯一一种与四种文化商能力均有积极关联的特质。现在,请你和你的团队根据表 8-1 的内容自行思考这些关系。

第八章
高文化商领导者的"收益率"

经历

有三种经历持续地与高文化商产生正向关联:跨文化经历、教育水平、多文化团队工作经历。对提高文化商而言,这些都是本书所一直强调的最佳实践。

跨文化经历本身并不能保证高的文化商,但是当与其他文化商能力结合在一起时,就会起到显著的作用。在实践中,那些在许多不同地方工作过,因而有了很多跨文化经历的人,与那些只是去过一两个地方的人相比,能够从跨文化互动中得到更多的益处,尽管那些去过一两个地方的人可能在某个地方待了很长一段时间。在多个国家居住超过一年以上的国际经历与文化商之间的正向关联更强烈。[③]此外,那些来自一个子文化地区,需要做出很大努力来适应主流文化的人,也更有可能具备高的文化商。儿时的经历与成年的经历相比,影响会更小,因为成年人会自己做出有关旅行、工作以及互动的决定。但是不管你多大,重点是谁帮助你、解释你的经历。如果父母把小孩带到一个地方去,只是指出其他文化不好的方面,这更有可能降低而不是提高文化商。值得庆幸的是,反之亦然!那些把孩子浸泡在不同的文化,并且帮助他们理解不同文化差异的家长,能帮助小孩更早地发展文化商。如果在国外学习的小孩一直生活在网络中,或者旅行时只是在国际大饭店的餐馆吃饭并且靠司机接送,这种国际经历对文化商的提高就没有太大帮助。相反,不断发现和尝试当地食物、当地风土人情则会让你文化商的各个方面都得到提高。如果我们采用正确的培养方法,跨文化经历与四种文化商能力都可能产生积极关系。④

你的教育水平与文化商也有可能存在积极的关系。更高级的培训,无论是正式的还是非正式的,都与一个人总体的文化商水平存在积极关系。特别是大学和研究生教育,自然培育了一种以更加复杂的方式来感知世界的方法。尽管很多批评指出,正式教育未能提供真实世界的知识。一个好的大学教育的优势在于,它让受教育者理解新观点的规则,并且把他们与自己的理解和经历相结合,并应用于自己的生活和工作。因此,不仅在扩展你文化商应用的情景上是有用的,大学学习过程本身也有助于对文化的分析、解释与应用。这并不是一个线性的因果关系。确实有很多大学生甚至博士也会有较低的文化商,但是课堂学习、互动的设计以及正式的教育能够成为发展文化商最有力的方式。⑤

最后,参与多文化团队也有助于适应不同的文化情境。如果只是身处于文化同质的团队,你新获得的缄默性知识(tacit knowledge)将是有限的,而这些有关创造性和灵活性的知识对于让人们能在一起有效工作非常重要。你在一个多元文化团队中的经历越多,你就越有可能发展出高的文化商。但仅仅有多元化团队工作经历是不够的,就像国际经历和教育并不能确保高的文

第八章
高文化商领导者的"收益率"

化商一样。有时候,多元化团队工作经历还可能强化你原有的对其他文化成员的偏见和不解。但是,多元化团队确实给我们提供了提高 CQ 的机会。如果你所在的组织或者社区国际化或者多元文化程度比较低,你也可以通过参与多职能部门人员或者多专业的团队来提高自己的跨界工作能力。或者,你也可以与那些和自己兴趣、政治主张、宗教信仰完全不同的人建立友谊。有意识地与那些来自不同子文化的人互动,也可以提高你整体的文化商水平。⑥

还有一些研究探索了其他的因素,比如性别、年龄、家乡、宗教倾向以及职业等,对文化商的影响。然而,目前这些研究的说服力仍然还不够。尽管知晓这些个人特质或经历与文化商的关系可能有一定的作用,但是文化商是一个动态能力的集合,每个人都可以通过努力来提高自身的文化商,无论你具备什么样的个人特质或者什么样的经历。

文化商带来的效果

提高文化商能带来什么样的效果?研究表明,高文化商的领导者意味着良好的发展前景。这是自本书第一版以来最重要的研究发展之一。关注高文化商的预期效果的研究无论在宽度和广度上都呈几何级数增长。⑦下文总结了一些最重要的研究发现。兜了一大圈好像又回到了第一章所涉及的全球化领导力所带来的挑战与机遇问题。文化商的提高可以直接帮助你应对当今全球化领导者所面临的核心问题。

跨文化适应

首先,文化商预测了你在多元化背景下是如何适应的。跨文化适应是领导者适应另一文化的生活方式的能力。你的文化商与你在一个价值观和习惯都不同于母国的情境下工作并不断适应的能力是正相关的。此外,文化商可以预测你在一个新地方能否适应不同的工作文化和不同的社交文化。文化商还可以预测你在进入一个新的文化环境时是否做好了心理和生理上的调整。⑧

特别地,那些具有高文化商动力和高文化商行动的领导者能够更好地在新文化中进行生理、心理以及日复一日的调整。⑨基于文化商多维度评测(360度)的大量研究表明,一个领导者如何自我评价其文化商与他人如何评价其跨文化适应的结果是一致的。因此,文化商自我评价可以较可靠地预测一个人的跨文化领导能力。⑩

具备文化商的领导者很少会被跨文化工作弄得筋疲力尽。有研究表明,高文化商与领导者在跨界工作时所体现出来的耐

第八章
高文化商领导者的"收益率"

力、精力以及生产力正相关。这对于那些月复一月、在不同的地方飞来飞去的短期差旅人员而言更是如此。[11]坦白地说,那些不断努力记住新地方的街道和不断尝试当地食物的人,最终也可能为了适应不同的文化环境而需要不断调整解决冲突、谈判和铸造远景的方法从而变得疲惫不堪。而且,倒时差和在不同的时区飞行随时可能击败我们。但是,那些具有更高文化商的领导者却能在跨界工作所引起的不可避免的压力和疲惫中坚持下来。

拥有高的文化商,意味着你有了一个"地图"或指南帮助你去了解所发生的事情。因此,通过提高文化商,你会不断调整期望值以及增加对多元文化的理解能力。有了高的文化商,你将拥有更高的专注度,更出色地工作从而获得更大意义上的满足感。显然,当你处于跨文化的情境和关系中时,文化商也可以提高你的工作能力。

判断和决策

高文化商的另一个效果就是,领导者可以更好地评判跨文化环境并做出更有效的决策。在你自己文化以外的领导工作意味着常识和直觉式的决策方法会失灵。正如第一章提到的,企业高管们一致认为决策中最大的挑战是理解不同地域的消费者。[12]随着海外市场越来越重要,企业的各级领导者都需要知道文化商对于他们面对无穷无尽的文化差异时做出正确决策的积极影响。

高文化商的领导者可以更好地看清形势、做出更恰当的决定。没有文化商的指导,领导者无论是在日常的跨文化工作还是跨文化危机处理方面都会处于劣势。[13]

没有一个行业比航空公司更需要在跨文化交流中拥有好的决策能力。自从"9·11事件"后,航空公司更加意识到文化商在处理突发问题时的潜力。当飞行员拥有两到三个不同国家文化背景时,他们更能以平常的心态与各方合作,对待飞行更有责任感。国际航班在飞越许多国家时,主要依靠飞行员与空中交通控制员之间的沟通。我们都需要他们每个人能够有效沟通并做出正确决定。航空公司中,例如德国汉莎航空公司和卡塔尔航空公司相信文化商在他们危机管理中起到了核心作用,而且在招聘和培训计划中有机地融入了文化商的概念。

促进谈判

谈判是领导者工作中至关重要的组成部分,这也是为什么第七章用谈判来解释如何运用文化商的原因。高文化商在促进跨文化谈判的成功几率中扮演着至关重要的角色,不论是在正式的合同谈判中,抑或是在与职工、同事、卖主及顾客的日常交易中达成所想要的共识。

高文化商的领导者更愿意与他的谈判对象进行沟通,更容易找到让对方接受的谈判姿态。此外,文化商动力(CQ动力)也会

第八章
高文化商领导者的"收益率"

让谈判者更有信心去适应不同的谈判事项和谈判准则。而大多数跨文化谈判需要更多的时间和大量的耐心去坚持完成这个过程。[14]

此外,文化商战略(CQ战略)较高的领导者在跨文化谈判中更容易实现目标。制订一个恰当的谈判计划,时刻保持谨慎小心并留意谈判进程,时刻验证自己对谈判中关键问题的解读等,都是为了取得令各方满意的谈判结果的领导必修课。[15]

许多西方企业需要中国的市场。有着高文化商的领导者在谈判中将拥有更高的效率。中国官员与企业之间的情况就是一个很好的例子。在中国,企业经常被要求做出改变或是为国家牺牲更大的利益。对于许多不了解的人来说,这是一个非常奇怪的概念,特别是对来自自由市场国家的企业。但是许多中国的圈内人士却认为西方领导者惯用的高压谈判策略会使他们丧失掉在中国的机遇。来自香港的郑汝桦女士,是福布斯全球排行榜"一百名最有权威的女士"中的一员,她说:"谷歌把重心放在搜索世界信息,但它发现有国内的人侵入了不同政治立场者的账户,这使得其在危险境地下放弃了中国市场。"[16]如果你决定移居中国并开始一个新的事业,你需要完全清楚的是:这个政府要求你的计划应该是对这个国家、经济及中国人民都有益的事情。郑女士认为,对于中国政府来说,社会稳定是在经济考量之上的。政治优先于经济。对于商务来说,使商业战争远离政治意识形态之外,只专注于商业事务是非常明智的。[17]全球化的世界使得我们每天跨文化协商的范围更加广阔。高文化商预示着我们将把明天变得更美好。

领导效能

文化商也预示着你在多元文化情境下的总体领导效能。跨文化领导效能意味着领导一个融合多种文化的团队,完成一个共享的目标以及战略,整合和管理好一家具有多元文化的公司等。CQ 战略和 CQ 行动都强有力地预示了跨文化领导者的工作绩效。[18]研究结果表明,绩效与高文化商在很多方面有着广泛的联系,包括前面已经讨论的几个方面:判断、决策和谈判,而且这种联系也可以扩展到绩效的其他领域,如有效沟通、思维能力、领导力开发、并购等。[19]领导效能中特别值得关注和讨论的另外一些方面包括技术熟练度、信任构建、销售与服务、创造力与创新能力等。

技术熟练度

在 21 世纪的许多企业中,能决定谁将扮演积极领导者角色的最重要的因素是个人的技术熟练度以及熟练使用、追踪这些技术进步的能力。例如,脸书(Facebook)负责技术开发的领头人比尔·麦肯落赫姆(Bill McLawhom)告诉我:

在脸书,领导能力并不是决定你职位的基础。职位很自

第八章
高文化商领导者的"收益率"

然地取决于谁有高层次的影响力。而谁是这个可以更快创造卓越价值的个体呢?这种概念下的领导力让追随者心悦诚服。有这种影响力并能"传递影响力"的人也会不断成为新的领导者。[20]

但是因为脸书是一面旗帜,一个精英管理的公司,技术优势凸显,这些都导致它需要有影响力和激励能力的人。此外,脸书中,需要被影响和激励的人是多种多样的,其中最大的挑战在于使技术熟练度能适应新的市场环境。

有着高水平文化商的领导者,能够让他们进入一个新环境时把他们的专长敏锐地展现出来,而这些专长可以是科研实力、会计能力,也可以是公共演讲能力。[21]特别是当许多企业转向一个分散的组织结构时,具备在新文化环境中应用自己的专长并有效影响同事的能力正是企业希望看到的人才素质。显然,高文化商与体现领导能力存在积极关系。[22]

信任构建

跨文化领导能力的另一个重要方面就是建立跨文化的信任关系,也就是与不同同事、多文化团队成员,还有与来自世界各个角落的客户、卖主和合作伙伴建立信任关系。信任在不同文化里具有不同意义,而且在很大程度上意味着你是否相信某个个体或组织都是基于一种直觉,而这种主观的直觉可能意味着一切。同样的行为会让某个个体或文化信任你,而让另一个个体或文化绝对不信任你。例如,某个领导者在一个权力距离低的文化中可以通过分享一个她失败的例子而赢得信任,然而,当她处于一个权力距离较高的文化中,尤其是过早地跟一个团体这样做,可能反而会减少信任。

有着高文化商的领导者们更可能与多元文化背景的同事、客户和委托人之间建立信任关系。其中,高 CQ 战略尤其重要。[23]

销售与服务

高文化商的领导者们能更好地在新的文化区域市场中推动业务并更有效地服务不同的客户。丹尼尔·品克(Daniel Pink)在他的《销售就是人性》(To Sell Is Human)一书中提到,"销售的目的不是让他人立即采纳你的观点。相反,销售的目的在于吸引对方,让对方参与并最终同意你的观点"。[24]文化商将会帮助你在不同的文化背景中为自己的企业或产品找到一个强有力的定位,因为一个客户的需求与文化紧密联系。

汇丰银行的首席财务官道格·弗林特(Doug Flint)这样说:

> 如果你进入欧美地区的任何商业论坛,并问及在接下来的 25 年,全球哪个国家将最具影响力。我认为回答最多的将会是中国,接下来是印度。如果你接着问有多少欧美地区的人了解这些国家的历史和文化,答案可能是非常少。[25]

第八章
高文化商领导者的"收益率"

高文化商会加强你理解来自不同文化的人们的能力。你将会认识到在中国抑或美国都不存在单一市场。深入了解多元文化背景的顾客能够让你更好地销售你的想法、服务或产品。[25]

创造力与创新能力

创造力与创新能力被认为是全球化领导者必不可少的能力。研究发现,文化商和构思能力具有高度关联性。然而,这并不能说明所有具有创造力的领导都是高文化商领导者,也有具有创造性的娱乐者和管理者却展现出低文化商的例子。但是,研究发现了两者之间另一种关联性;那些具有高文化商的人比那些具有低文化商的人展现出了更高水平的创造力。[27]所以提高你的文化商,同时可以锻炼你的创造"肌肉"。

那些每天与不同文化打交道的管理者是非常需要创造性的。你正在尝试解决如何使一个团队积极完成特定工作的问题,如果这些团队成员来自于不同文化背景,那么你就需要创造性地让大家同心协力、向同一个目标努力。或者,你要在不同的文化市场上推销同样的想法,也需要创造力。因此,当你提高文化商的同时,也提高了创造力。

越来越多的高级管理者将文化商当作重要的工具,他们认为文化商可以为他们抓住21世纪的机会方面提供许多竞争优势。

文化商的360度测评可以为领导者提供文化商方面的个性化反馈,包括跨文化适应、管理判断与决策、提高谈判和领导水平这四个方面,这些都是不断提高全球化领导力的重要基础。[28]

组织的投资回报率

企业(组织)在提高文化商之后,会有什么样的投资回报?从主要方面来看,最重要的投资回报就是组织的那些具有高文化商的领导更能完成他们的使命和任务。巴克莱银行是一家巨大的金融服务供给机构,它将文化商运用到高层管理者以便处理企业涉及欧洲、非洲、亚洲、澳大利亚、美国以及中东的新兴业务。当巴克莱银行开始在公司高层推行文化商时,各个地区分部的合伙人更多地感受到了全球化的浪潮。先前在同一个愿景下进行的重组和合作方面的尝试并没有实现这一点,但是当文化商在高层领导间流行时就完全不同了。劳埃德银行通过文化商来改善客户关系方面所面对的挑战,取得了现金流增加和成本降低的效果。李维斯(Levi's)公司因为文化商而大幅度调整了它的全球市场策略,与此同时提高了边际利润。[29]还有许多商家、学校、慈善组织和政府都从文化商中获得了他们所期待的收益。

鉴于大家在高文化商对管理者个人的积极影响方面已经达

成共识,这里只提供有关企业(组织)在提高文化商后收到回报方面的部分结论。这些仅仅是我们所调查的具有代表性的个案。在团队或组织提高文化商的投资回报方面,它们是值得关注的。还需要更多的研究来论证在组织层面提高文化商的长期影响,而下面提供了一些最初的发现。

提高多文化团队绩效

当团队包括不同文化的参与者时,整个团队的内部气氛会不一样,由文化差异带来的挑战也将加大。如果团队成员散布在全球各地并且主要是通过电子邮件和电话会议进行交流时,这种挑战将更显著。但是,如果能有效领导好这种团队,一个多文化团队将提供给组织巨大的创新源泉和发展机遇。

这就取决于这个团队的领导者如何通过提高和运用文化商来促进这个团队的发展。考虑到一个团队会受其最弱的成员制约,所以必须提高每一个团队成员的文化商。许多提高文化商的组织见证了跨文化团队在沟通和绩效方面的提升。[30]

扩展到多元化市场(全球和国内)

我以前在对跨国公司高管的调研中发现,大多数企业都致力于国际扩张,因为通过向本地区以外的地方扩张可以抓住他们企业发展的重要机遇。[31]比如日本的电信巨头——日本电报电话公司(NTT),正在使用侵略性扩张战略进入非洲和中东市场;德国的火箭网公司通过进入尼日利亚市场来得到发展。沃尔玛、特斯科和家乐福在竞争过程中互相敌对的情况大幅增加,这致使许多以前被忽视的中小型同类企业浮现出来。在纽约的长岛拥有一个小型装潢照明公司的拉里·利伯曼(Larry Lieberman)说:在经济萧条的时期,将产品销售到如欧洲、中国和日本的国外市场是企业生存的重要途径。如果我们仅仅重视国内市场,那么在2012年的萧条期我们将面临巨大的问题。㉒这些企业都运用文化商在保持企业形象的同时,根据不同市场的需求采取合适的方法来宣传它们的产品和服务。

想象一下,在一个新的市场进行了超过一亿美元投资却因为政府的一声令下而停止。这是发生在直销巨头安利公司身上的真事。当中国政府认为中国不具备直销条件时,当时安利亚洲地区的执行副总裁不得不请示她的美国老板是否向中国地区继续追加投资。当安利还在一直实行不与美国私人企业谈判的经营策略时,她用高的文化商想出如何说服安利改变经营策略与中国政府先结盟。结果呢?中国政府不仅改变了对直销的政策,而且安利亚洲分公司就像在美国一样,继续塑造它的商业道路。在公司的不断发展中,安利亚洲分公司成为了公司最大的收益来源,远远超过其他区域的收益。

与此同时,中国企业(组织)正在寻求能够帮助他们进行国

第八章
高文化商领导者的"收益率"

际化扩张的人才。涉及很多行业的中国企业想要在国际市场上建立自己的品牌,开展营销、投资、兼并等商业活动,而高文化商领导者正是这一进程中非常需要的元素。

中国企业里面最好的例子,就是大连万达集团运用文化商的优势来进行国际化扩张。大连万达集团是一个涉及房地产、旅游业和娱乐业的综合性集团公司。当万达集团获得了美国经典电影公司(AMC)的股权后,他们审视和招募那些具有高文化商、能高效率完成工作的人才,也招聘了一些针对目标市场、熟练掌握语言技巧的员工,包括熟练掌握英语、西班牙语和俄语等语言的员工。当中国的双汇公司以47亿美元收购史密斯菲尔德食品公司后,它就在寻找会双语、具有高文化商的管理者来帮助企业管理与美国最大猪肉供应商的关系。[③]

一项调查研究表明,45%的中国商业领导者认为文化方面的挑战是制约与西方商业进行兼并和合作的最大阻碍。越来越多的中国企业更加强调雇用高文化商人才。[㉛]中国的技术领先者在整合国际人才方面做了大量工作,比如百度、阿里巴巴和联想就有成功招募外国的高校毕业生到它们公司的记录,以帮助它们进行国际交流、经营和研发性工作。

为多元文化的顾客、病人或学生提供更好的服务

无论是在什么样的文化背景下,在这个快速发展的时代,对于任何组织而言，没有比给人们提供好的服务更重要的事情了。那些具有高文化商的领导和团队成员能够以更好的方式为不同文化的顾客服务，并且当出现错误时，他们会有更好的方法来解决问题。国际汽车零部件集团(IAC)媒体公司解雇他们的公关主管贾斯丁是明智的。她曾说："当我去非洲，祈祷我不要得艾滋，那只是个玩笑，我只是个白人。"但是人们不得不怀疑在这次失礼之前，她代表公司是如何做公关工作的。这起愚蠢事件说明了文化商的重要性，因为文化商就是要避免这样的事情，具有较高文化商水平的人在发表观点之前都会进行自我审核。由此可见，当你致力于提高你的团队的文化商时，你将在信任与声誉方面获得回报。

快速高效

许多的企业、政府部门和非营利性机构都在尝试做到事半功倍。当被具有高文化商的领导者带领时，企业能够在多元化背景下更快地完成任务。和低文化商领导者的企业相比，他们可以更快地处理问题。当我们涉及不同文化时，牢牢谨记"更快"是相对的，处理事情总是需要花费更长的时间。但是当文化商提高之后，企业可以基于被涉及的文化价值导向，更好地调整时间表和预期。具备高文化商领导者的企业，更有可能合理分配时间并坚

第八章
高文化商领导者的"收益率"

持到底。

高效完成全球化任务

派遣海外人员会花费很多,并且就移居国外者是否能有效完成所有工作来说,概率通常是对半的!当那些移居海外者文化商很高时,任务更有可能被有效地完成,如果其配偶和孩子也有较高的文化商动力,结果就更好了!那些拥有更高文化商的领导会更成功地完成任务,因为他们学习能力强并且能随时有效地调整文化冲击和遇到的困惑,并且坚持下来!除此之外,他们更有可能在完成项目任务后,为再次的派遣制订一个计划,包括让其他领导者从自己的海外领导经验中得到提高的方法![35]

最佳雇主

如前文所述,领导者另一个迫切的需要是吸引和留住好的人才。[36]当新员工看到企业重视并推行文化商的时候,企业被视为最佳雇主的可能性就增加了。诺华和耐克等公司发现,最机敏的新员工在搜寻潜在的雇主时,把文化商的环境和声誉看做是最重要的事情之一。他们希望加盟那些将多样性看做是企业成长的主要优势,而不是将多样性看做是绊脚石或灾难的企业。

85%的领导者都非常认同这一点:即在考虑目前或未来的雇

主时,企业是否重视全球化问题、是否重视公共利益等尤其重要。优秀的员工希望到文化商被重视和被贯彻的企业去发展。㊲

盈利性与成本节约

财务状况如何？有研究表明文化商的提升与盈利性和成本节约相关。但最有说服力的证据来自于所有以往讨论的结果。如果一个组织在全球化的工作中能有效地改善团队绩效、开拓新市场、改进效率、提升效果,文化商显然会积极影响财务收益。㊳

还需要更多的研究来进一步拓展我们对文化商领导者与其组织之间关系的理解,但最初的研究结果已经让我们对文化商对企业(组织)发展的贡献充满期待。

总结

西蒙,文理学院的前院长,在咨询企业引领变革的努力中不断成长。他那全球化的培训师团队遍布15个国家,企业也收获了财务收入最好的一年。我首先要承认,影响西蒙成功的因素有很多。但通过对其员工的调查发现,最主要的因素是西蒙拥有非凡的能力,尤其是使各部门进行最佳融合时所体现出来的贯穿企

第八章
高文化商领导者的"收益率"

业的、强烈一致的洞见。难以置信的是,同样是这样一个领导,却被他的英格兰同事描述为"不可靠、善于操纵"。

　　文化商与个人及组织绩效都直接紧密相关。影响一个人文化商的因素有很多,但每个人都能有效地在跨文化领导中提高自己的文化商。这就引出最后一章内容"带出一支高文化商的团队"。

第九章
带出一支高文化商的团队

许多现有的书籍都只是聚焦于领导者个人如何提高以及应用个体层面的文化商。但是除了个体能从文化商中受益外,我们也需要在我们所领导的组织中提高文化商。本书最后一章,将介绍如何在组织或团队中发展文化商的策略。

在文化商研究领域,评价与提高组织层面的文化商是目前的前沿研究领域之一。需要有更多的研究以便我们更好地了解高文化商的组织。但是在实践中,全世界已有许多公司、非营利性组织应用了下文将提到的最佳管理实践来使他们的团队、分部,甚至是整个组织具有更高的文化商。这些实践方法对无论是小到团队,还是大到整个组织,都是有效的。

第九章
带出一支高文化商的团队

领导层重视

除非高层管理者身体力行组织的价值观和愿景,否则这些思想只能停留于纸面。尤其在把"成为更具文化商的组织"加入到公司愿景里去的时候,更是如此。高层领导者的文化商水平是影响一家公司能否成为一家高尚的、受人尊敬的、具有社会责任感的公司最持续的影响因素。高层管理者需要将文化商置于优先的地位,以使其成为整个组织的指导性方针与操作规范。高层管理者的团队必须具备文化商中的四种能力,才能对快速变化的外部环境做出反应并形成自己的全球战略。①

在描述高文化商的组织之前,请先思考以下四个问题:

- 什么是你的关键绩效目标?
- 什么是你实现这些目标的最大挑战?
- 文化在这些挑战中起到什么样的作用?(如分散化的工作、多元文化的团队、分散化的不同区域市场、外派工作安排、短期出差、保持核心价值观等)
- 提高文化商可能会帮助你的团队克服这些挑战并实现目标吗?(如提供有关不同消费者的更好的洞见,增进员工参与、创造性的机会,更快对市场做出反应等)

领导层对于文化商的重视应该体现在把文化商融入整个组织的使命中去,而不仅仅是作为实现目标的手段而已,或者只是与参与国际工作的人员有关。实际上,真正全球化的企业(组织)应该把文化商整合进组织的所有职能,并作为战略计划的一部分。

比如说,文化商如何影响企业(组织)的产品研发?数年前,斯蒂尔凯斯(Steelcase),全球办公家具行业的领导企业之一,决定进军日本市场。日本顾客也展示了对斯蒂尔凯斯新的办公座椅产品线的兴趣,并认识到了这种潜在需求。斯蒂尔凯斯立即运了两个集装箱的家具到日本,在东京市区的繁华地带租了场地作为展厅,然后发现这些家具基本都卖不出去。许多人走进来并且试用了这些家具,但是却很少有人购买。很久以后,斯蒂尔凯斯才发现,这些椅子是为个头更大的北美人设计的,对骨骼瘦小的日本人并不合适,而且宽大的桌子代表一种炫耀,这也并不是日本的经理人员想要的。公司把所有的家具都运回了美国,并且聘请了日本工程师一起参与、重新设计产品以适应亚洲消费者的心理。五年后,斯蒂尔凯斯成为了亚洲最大的办公家具商之一。

在海外发展的过程中,丰田也学到了同样的经验。丰田在北美的小型厢式客车市场一直落后于本田和克莱斯勒很多年。最后,他们决定重新设计自己的小型厢式客车西耶那(Sienna),横谷雄司(Yuji Yokoya)负责这项工作。作为研发的开始,他驾驶着

第九章
带出一支高文化商的团队

现有的丰田小型厢式车跑遍了整个北美,包括美国的每一个州,加拿大的每一个省,以及墨西哥全境。他在北美地区的实地体验,给了他全新的理解和洞见。如果他只是简单地坐在日本的办公室里研究市场趋势和北美的人口统计数据,这些洞见是无论如何也不会得到的。例如,他发现加拿大许多高速公路中间会高一点,形成弯的弧以在冬天应对下雪,这让他发现在设计汽车时应该考虑道路倾斜产生的漂移。

日本人和北美人最大的区别之一,就是他们吃东西的不同。日本人很少在路上吃饭。如果日本的一家人在路上感到渴了或饿了,他们最有可能停下来买点快餐或者喝点饮料,然后才回到车里。但是北美人经常会把食物和饮料随身携带,经常将食物打包并且灌满一大杯饮料带到车上。实际上,横谷雄司发现许多美国人希望每个乘客至少有两个放饮料的地方。这个发现的结果是,新的西耶那车型设计了 14 个可以放置杯子或水瓶的托架,并且有一个可以翻转打开的食物托盘。②

正如研发中需要文化商一样,生产制造、人力资源、法律与销售部门也需要应用文化商。如果一家德国公司设定了一个生产的时间进度安排,他并不能由此想当然地认为一家中国企业也能满足这种时间安排。制造部门的领导者必须有足够的文化商,以在谈判中让他的中国生意伙伴明白这样做带来的价值。当一家中国企业与一家尼日利亚企业达成跨国协议时,也需要预见影响他们成功合作的关键因素,评价文化以及与之相关联的组织风险,并且在公司决策的制定中考虑这些信息。③一所大学的领导者在计划招入大量的国际学生之前,也需要考虑他们的管理办公室、教师、学生开发人员是否能够应对多元化学生所带来的不同价值观、假设和行为方面的挑战,并且仍然能满足整个大学的统一要求。

试图建立高文化商组织的领导者的挑战之一,就是建立一个可塑性强的组织以适应不同的文化,但是又不用为每一种文化情境而重构整个组织体系。定制性、适应性的组织结构是非常重要的,但是为每一种情况都构建一个全新的结构和流程体系也是不可持续的。要实现标准化与可塑性的一致,就需要组织的领导者既坚持企业的精神,又以一种高文化商的方式来实现组织的使命。

CQ 测量

经常被引用的鸡汤类名言"没有测量就没有成长",就是说"只有测量才会让人们重视"。全世界许多中学都在使命中提到要培养全球化公民,并且他们也把文化能力作为核心学习内容之一。但当校长们被问到他们如何评价学生的发展符合具备文化

第九章
带出一支高文化商的团队

能力的全球公民的要求时,他们的反应通常是言之无物。当把同样的问题拿去询问公司、医院或非营利组织的领导时,回答往往各不相同。一些人非常注重评价全体员工文化商的发展,而有些则不是。建设一支高文化商的团队而不知道如何测量它是不可能的。需要记住的是,文化商是一种任何个人和组织都可以提高的素质,因此测评并不可怕,也不该被抵制。相反,测量文化商使得你可以看到团队在哪些地方背离了你想要实现的目标。

你可以从审计你的团队或组织开始。企业(组织)的实践、政策与市场信息在多大程度上反映了文化商的精髓?可以找到哪些文化的代言人?什么样的文化是没有代言人的?审计也包括了对你的团队文化商的定性评估。领导者在多大程度上评估、展示并且促进了文化商行为?我们在雇用和晋升人员的过程中如何考虑一个人的文化商?我们的团队在多大程度上代表了不同的文化并且知道如何处理这样的文化差异?我们的成员是如何评价我们的文化商水平的?你可以用本书介绍的模型来定性评估每一个员工的CQ:

1. CQ动力:什么是员工从事跨文化工作及建立跨文化联系的动力?

2. CQ知识:在多大程度上员工了解关键的文化差异?

3. CQ战略:员工为应对文化多样性局面所做的计划怎么样?

4. CQ 行动:在多大程度上,员工对不同的文化情境做出了合适的行为?

你也可以采用定量的测量方法。在考虑使用这些测量量表之前,有两个关键的问题你必须始终铭记:

1. 我们到底想测量什么?
2. 有什么可信的、有效的工具可以测量之?

令我吃惊的是,很多组织使用一些工具所测量的,并不是它们想要测量的。你不能使用一把尺子去测量温度。但是仍然有一些组织用测量全球竞争力的工具来测量其他的一些东西,例如个人偏好或价值导向等。理解一个人的个人价值导向(如一个人是更倾向于层级化的组织结构还是扁平化的组织结构)是自我意识的一个重要方面。如果你最开始的目标是测量一个人的价值取向,全球化智能(GlobeSmart)、文化导向指标(Cultural Orientations Indicator)或文化向导(CultureWizard)等量表都很有用。但是,如果你想测量的是一个人在跨文化条件下的工作技能,你需要不同的测量工具。这种需要驱使我们开发了文化商量表(CQ Assessments)。我们查阅了大量反映个人对不同文化的态度,或个人特质的问卷,并从中得到了很多有益的启示,但是与我们想测量的还是有所不同。我们要做的是能把个体的价值导向与跨文化技能一起测量。

在了解一个工具是否在学术上有效并可信时,做调查是你应

第九章
带出一支高文化商的团队

该做的,如同你在别的事情中会做的一样。比如一个酒店如果告诉你它是城里最好的酒店,你肯定对顾客的评价更感兴趣,而不是酒店自己所说的。许多量表自称在学术上是可信的、有效的,但是重要的问题是,这些量表在外面用于学术测量中是否有一致性的结果?文化商量表已经在全世界被研究者们检验、评估并验证了其有效性。这些研究者与文化商都没有利益关系。

有多种方式可以有效评估你的团队在文化商方面的进步,关键在于你如何测量它。

学习与提高

企业(组织)建设一支高文化商团队的最根本方法是通过学习和提高。尽管培训不是实施文化商的唯一方式,但它是重要的一个方面。有效的文化商学习始于激发文化商动力。命令员工参加多元文化的培训或者多方谈判并不能确保他们有兴趣地、全身心地参与。我们需要向被培训的员工提供为什么需要关注文化商的有说服力的证据。建立文化商与其个人兴趣之间的联系也是非常必要的。下面对团队文化商的培训提出如下建议:

216 **展示与陈述**

把你的团队聚在一起,向他们解释文化商带给他们个人以及组织的利益,以及忽视文化差异所导致的成本。利用第八章的研究成果,展示文化商的投资回报。讲述文化商与组织目标之间的关系,而不仅仅是文化商本身。这样的方法可以在你讨论文化商的其他内容之前激发员工的文化商动力。在多文化的情境中,总是依据文化商的四维度模型进行教学。一开始就通过展示文化商如何有益于他们的职业生涯并避免成为行业的落伍者,激发你的团队成员对文化商的兴趣。

职能训练

一旦结束 90 分钟的文化商介绍,许多团队可能需要并且希望培训聚焦于如何将文化商应用于他们特定的工作上。销售团队希望看到文化商如何帮助他们进军市场并取得更好的成绩;研发团队需要知道提高文化商如何改善他们的研发。同样的,销售业务员需要理解文化商如何帮助他们有效地采用合作导向的营销,而非竞争导向(参见第五章)。很明显,跨部门训练对避免陷入"组织孤岛效应"是有效的。但是我发现,许多团队在培训中,如果文化商只是简单地被作为一个宏观的、一般的概念进行介绍,而没有结合它在组织中特定的角色或职能进行培训时,培训

第九章
带出一支高文化商的团队

的结果往往令人失望。高层经理通常能够从大的方面处理董事会上对文化商的讨论,但是职能部门的工作更希望了解文化商概念如何应用到实际工作中。要重点介绍文化商在不同部门或职能活动中的应用,以及如何应用文化商的案例、讨论与训练,来激发他们的 CQ 兴趣。

员工个人文化商发展计划

在拟定年度发展计划时,团队成员应将文化商纳入进来。基于本书所分享的策略,企业可以为员工提供文化商教练方面的帮助。计划结合他们自身的动力与兴趣越多越好。让员工确定在 CQ 的四个能力维度中哪一个维度是他(或她)最想要提高的,哪一个维度是最需要注意的。

许多组织也把文化商纳入年度绩效评估,不仅作为一种评价维度,更作为一种需要每年都审视的发展领域。许多组织鼓励个人从许多不同的在线或实地课程中进行选择,这些课程的主题包括了如文化商谈判、有效的虚拟团队,或者某些国别培训课程。各种各样的 CQ 资源都可以用来培养员工以一种新的方式看待事物、处理问题。④

在组织中培育并提高文化商的最主要手段是让员工个人按照文化商的模型自我提高。员工可以像领导者一样,向自己、向组织、向大众展示文化商的战略利益所带来的价值。描述四个方面的文化商能力与自己工作的关联,揭示从错误中学习的价值。实际上,文化商领导者是那些学会以自己的错误作为激发变革源泉的人。遇到一个新文化时,你总会经历一些失败或者挫折。问题的关键不是我们的行为完美无缺,而是你如何从错误或者负面经历中学习。高文化商将帮助你同时从好的或者坏的跨文化经历中学习。⑤

培育一个终身学习多元文化世界的团队;发现有创造力的方式,以激发和教育你的团队不断提高文化商;给予更多的鼓励,并且强化团队涌现出来的对全心投入新的文化区域市场的热情⑥;指导他们在整个工作过程中应用文化商。当你这样做时,你会让他们具备抓住21世纪不可预知的机会的能力,你的组织也将因此保持在时代浪潮的前沿。

招聘与晋升

在很多情况下,一家公司就是我们在电话或 email 的另一端所接触到的人。尽管高层领导者是决定接受文化商并给予文化商优先权的人,但最终组织中大部分的人需要具备一些文化商。团队成员在日常工作中遇到文化差异的程度和频度越高,理解并具备文化商就越重要。因此,你的团队中有些岗位必须具备较高

第九章
带出一支高文化商的团队

的文化商,包括国际项目经理、外派员工以及代表公司全球旅行的员工。

但是如何为那些工作岗位并不需要直接在跨文化条件下工作或谈判的员工发展文化商呢？在电话的一头回拨电话,或者在email 的一端回发 email 的人在对方看来就是你企业(组织)的全部。在关着门的教室里教书的那些教员对那些学生来说就是你的大学。对患者和家属来说,处理病人的护士就是你的医院。在你的组织使命陈述中,营销你的产品时,或者分享你的愿景时,体现文化商当然重要。但是,和你的员工与不同文化的人沟通过程中所扮演的角色相比,这些都微不足道。你团队的跨文化行为反映了你的整个组织,也反映他们个人。评估文化商对组织不同部门的重要性,其中两个最重要的部门是人力资源部门和负责国际差旅的部门。

人力资源部

没有哪个部门像人力资源部门一样每天都要与文化商发生直接的联系。不要雇用不具备高文化商的人力资源主管！人力资源主管需要有高的文化商,以分析和补充组织内的工作岗位,并推动招募、绩效评估、培训与职业发展。[7]文化商的四种能力模型给人力资源主管处理任何工作提供了一个实用的工具:从在多元化工作场所中促进相互尊重,到出台关注员工的种族与文化差异的政策。人力资源专家需要文化商,从而帮助别的员工提高文化商,并为因工作需要包括国际旅行的岗位进行员工的筛选、招募和激励。

220　国际差旅人员

需要代表组织到别的地方公干的员工比那些待在公司里面的员工需要更高的文化商。项目经理每天都要与国际市场上的供应商和消费者接触,因此需要经常到不熟悉的文化地区出差。那些承担拓展海外市场任务的员工最需要文化商。不要只是雇用技术能力适合的人,与那些只是在国内工作的员工相比,他们也需要有高的文化商。注意那些对国际任务显示出更高自我效能的团队成员。评价他们的文化商,并且仔细考虑是否剔除那些文化商动力低的成员,或者想办法帮助他们提高文化商。你的决定可能会为你节约成千上万的费用。一个亚特兰大的优秀工程师,不一定在迪拜也会成功。

在仔细选择员工参加国际任务之后,随后就要对他进行培训与开发,不要只是做行前培训。一些信息和提醒,在出发前的最后阶段当然是必要的。行前培训的重点在于学习如何在前6个月生存以及学会如何问问题。但是与一开始相比,在一项国际任务的中间,往往需要更强的文化商动力。很多行前培训对主要精力放在如何打包家当并且移民到世界另一边的员工来说,是无足

第九章
带出一支高文化商的团队

轻重的或者像纸上谈兵。但是在从事外派工作一段时间之后,一系列的问题将会出现并伴随着想要寻找如何解决海外工作和生活问题的愿望,与在出发前打预防针相比,这个时机给予员工文化商方面的培训效果要好得多。

筛选高文化商的应聘者

为了胜任人力资源主管和国际旅行者的职务,在招聘高文化商的员工时需要评估其文化商的四个能力维度。除了进行文化商评估,在进行面试、观察以及背景调查时,需要考虑以下问题:

CQ 动力

☐ 她在多大程度上表现出对不同文化的兴趣?

☐ 她一直在寻找与不同文化背景的同事共事的机会吗?

☐ 当处于跨文化的情况时,她的信心水平如何?

CQ 知识

☐ 他在多大程度上了解文化对于他自己决策的影响?

☐ 他能否描述企业所处文化与母国文化的基本差异?

☐ 他是否会讲另一种语言?他能明白别人说话的言外之意吗?

CQ 战略

☐ 她在多大程度上体现了自我意识和他人意识?

☐ 对于跨文化工作和跨文化交往活动,她是如何进行计划和安排的?

☐ 她会回过头来检查自己的跨文化行为是否有效吗?

CQ 行动

☐ 他会根据不同文化场合改变沟通方式吗?

☐ 他是否表现出灵活的谈判技巧?

☐ 当与不同文化背景的人共事时,他在多大程度上会调整自己的行为?

鼓励高文化商的表现

庆祝企业内的文化多样性并奖励高文化商行为。记住,文化与个体差异也是激励不同团队成员的原因所在。对于某些人来说,金钱报酬是最强烈的动力。而对于另一些人来说,工作成就感、工作安全感、弹性工作时间或身份地位等是最强烈的动力。让你的团队接受这样一种非凡的动力,即用尊严和尊敬看待每一个人,让世界变得更美好!给他们一个愿景,成为一个更大社区的一员并对社会做出更大的更好的承诺,成为受人尊敬的、高尚的全球公民。下面的例子可以为你提供参考:越来越多的企业会给员工一个星期的带薪假期到世界各地进行公益旅游。他们意识到让员工到世界各地旅行带来的回报,将有助于企业更长远的

第九章
带出一支高文化商的团队

发展。[8]一家位于洛杉矶、为非洲撒哈拉以南的几个社区提供清洁水过滤器的制造企业已经创建了一个基金会,该企业每年为员工提供一周的带薪时间,让他们到其中一个地区去做志愿服务者,员工甚至能申请公司基金会的基金以资助其旅程。公司的CEO及员工在这项投资上都获得了巨大回报。

首先确定哪些岗位需要高文化商,并与人力资源部门通力合作,以确保高文化商的员工被分配到这些岗位。如果不这样做,高层领导的时间成本和机会成本就太大了。加入那些在多样化世界里站在前沿阵地、将文化商看做是员工驱动力的组织吧。

品牌

如何将文化商和企业使命及价值主张结合起来呢?通过行动步骤来使你的战略计划渗透下去,让每一部门都能体现更高的文化商。利用不同的观点和定位中存在的优势和机会,而不是过度利用全球化和虚拟团队来实现。作为一个21世纪的企业,你应该建立声誉,在你的人员、产品、市场和服务中反映出文化商,将文化商作为核心价值观的一部分,并把它融入你的品牌中去。

想象成为这样一个企业,不仅在不可预知的、混沌的全球化市场中存活下来,而且还能茁壮成长。高文化商的领导人和企业都更喜欢实际的、利他的价值。本书所指出的,将文化商整合进你的领导行为以及组织所带来的经济效益,已经一次又一次地被许多研究结果证实。文化商是 21 世纪的领导方式,加入这项进程中来,并且让文化商成为组织的使命、愿景与价值观的中心。

224　创建第三空间战略

许多领导者都会问:"到底谁适应谁?"如果一位中国经理正在会见一位来自德国的同事,那这个会面应该遵从中国的礼仪还是德国的礼仪?或者如果你要在新市场建立一个办事处,那么有多少东西是应该本土化的,有多少价值主张是已经在别处取得成功的?

麦当劳的炸薯条和奶昔在芝加哥和在德里的味道很相似。在大多数的麦当劳餐厅用餐的经历也是一样的。但是菜单的本土化处理表明了麦当劳国际化手段的灵活性。在芝加哥餐厅和德里餐厅的奶昔风味是不一样的。而麦当劳的基本产品——汉堡——在印度餐厅是没有的。麦当劳已经建立了一种适应印度人崇拜牛这种现象的第三空间策略。因此,印度的麦当劳餐厅的主菜单是脆香素菇堡,而不是巨无霸。灵活的结构、服务和产品有助于你的团队和企业找到第三空间。

第九章
带出一支高文化商的团队

对于大多数领导者和团队而言,坚持每个人都要同总部一致显然不可行。但认为一个企业应该完全本土化的想法也是不现实的。因为传统智慧常常采用文氏图(Venn diagram)的方法:找到共同点并从共同点开始。这个开始的点并非不好,但是会存在一些局限性,包括丧失每一种文化所带来的特色的风险(由于过多关注共同点),在某些情况下,把赚钱作为共同目标或看到目标完成,其中的共同点都是非常小的。

相反,高文化商的团队会创建一种可选择的第三空间一起共事并建立相互联系,而不是仅仅找到个人目标的交叉点或坚持一个或另一个方面不断地做调整。这并不是说完全剥夺每一个体、单位或文化的特色与贡献,那样就会使团队失去了多样化这一最大的优点。但这确实意味着要试图共同建立一种可选择的文化并从文化的融合中获益。我和同行们目前正在关注的研究领域包括:企业创建和实施第三空间的程序是什么?如何应用那些第三空间战略来推动创新及更好地解决问题?我们的想法就是识别并在整个企业应用基于研究结果的一套程序,使之在文化商方面日渐发挥作用。

要注意的是,主导观点认为跨文化的黄金规则是可以让每一个人很好地工作。创造一个可选择的空间需要大量的努力与奉献,并且最好是由有高文化商的外部变革管理咨询师来帮助你实现它。

总结

在过去的每一年,通过文化商来领导的重要性日益显著。可能你所有的公司政策都是对的,并且做出的所有决策也都是对的,但是如果你忽略了文化商,完成你的绩效目标将是一场赌博,你失败的几率达到70%。

许多组织的领导者推行国际化的增长与多元化,但是并没有一个持续的使组织提高文化商的战略。了解文化商越多,你和你的组织跨国经营的失败概率就越低。文化商提供了一条向前的路径。它是一条已经被证实了可以提高你个人的领导力的路径,并且提供了设计更有效的全球化组织的框架。一旦你进入其中,通过文化商来领导,你将会为自己的现在和将来打开一个新的世界。

后记

你是一个真正的全球领导者吗？

对于是什么造就了优秀的领导者，我们每个人都有不同的看法。而许多看法的形成是来源于我们的文化背景。由于文化的偏见，我们常常甚至没有意识到文化对领导力的影响。

例如，当你面试一个申请领导职位的人，而那个人个子并不高的时候，你会怎么样？大部分人可能会说那没关系。但我们却再三听说，在美国如果你想成为一名CEO，而你个子很高的话确实会有帮助。美国男子的平均身高是5英尺9英寸，只有14%的人身高是6英尺或更高。然而，美国58%的CEO身高6英尺或更高。

在墨西哥，人们会期望他们的领导者对下属仁慈，有点类似于我们所期望的父母和孩子之间的关系。然而，在大部分欧洲国家，这种领导风格会被认为是屈尊俯就且令人生厌的。而许多非洲的员工则期望他们的领导在管理企业时表现出的是酋长一样的风格,这在其他许多情况下却无异于自己扼杀了领导力。

正如我不断提到的,作为一名领导者,你的领导能力与行为有关,也同样与下属的期望和固有印象有关。回顾一下西蒙在新英格兰学院的经历,并把这段经历与之领导的其他组织相比,就能理解了。这对于那些渴望在更加扁平化和更小规模的组织中进行领导的人而言,似乎有点令人生畏。而大多数人都不得不管理着来自各种不同文化背景的员工。所幸的是,如果具有高文化商,你就能成为一名有效的全球化领导者,不仅能够生存下来还会不断成长。

文化商对于在 21 世纪生活和工作的任何人而言都是一项重要的技能,但对于那些要履行领导职能的领导者而言尤其必不可少。企业的持续盈利需要有了解不同市场的经理人,军事任务的成功完成依赖于那些能有效带领部下的军官们,慈善事业的开展需要那些具有全球视野的领导者能在不同的国家或地区有效地工作。如果领导者不具备文化商,那么他们将受制于工作地的文化而不是主导他们自己的价值观和目标。①一个人的文化商是可以提高的。任何人如有兴趣,都可以发展和学习文化商。

以下是我对那些不断寻求文化商领导道路上的同仁们的临别赠言:

后记
你是一个真正的全球领导者吗？

1. 去除那些放之四海而皆准的领导箴言。"领导力法则"也许是研讨会非常好的讨论材料，但对于在全世界范围内的工作而言就不太起作用了。例如，采用"授权型领导风格"通常被认为是领导者必不可少的一种方法。这确实也是我个人很喜欢的一种领导风格。但我与许多具有高权力距离文化特质的同事共事过，如果管理者对于工作任务的安排不够直接，他们会觉得方向不清。另一方面，对那些偏好授权型领导方式的人使用制定性的且直接的管理方式则很可能会受阻。

2. 有意识地根据不同的情况和下属来调整领导风格。在一个团队里，我们往往要与不同文化背景的人共事，因此需要找到一种不会被认为存在歧视或不现实的方式以完成工作。这时就体现了文化商的作用，这是一种为激励员工实现共同目标而适应不同文化的能力。

3. 通过文化商来实现领导并不意味着要成为变色龙以适应每一个人和每一种情况。但你要知道什么时候采用更直接的领导风格、什么时候采用授权型领导风格。同样的，要知道我们应该在什么时候处理正面冲突，以及什么时候变得委婉一些(没错，两种方式都是适用的！)。而当我们的文化商四维度能力得到提高的时候，我们就会越来越了解如何去快速适应出现的各种情况。

4. 做自己,但要创造性地做自己。高文化商的领导者知道如何去适应各种情况和下属,同时他们也欣然接受自我。无论是企业品牌还是个人都是如此。如何通过一种既相互尊敬又有效果的方式来完全适应,但又不至于失去自我,是现实的挑战。做自己,这可能意味着你作为一名领导者,如何成长性地表达自我。

致谢

我非常感谢洪询和戴万林博士,他们一开始是我的专业同事,但早已成为了最亲密的朋友。他们鼓舞我写了本书的第一版并慷慨地与我分享了他们的研究、洞见与评论,并给予我鼓励。在写作第二版的时候,他们也是同样慷慨,我们继续共同申请基金并将文化商运用于全世界。

根据与读者的交流以及对第一版肯定的和不太肯定的意见,该版在第一版的基础上做了改进。全心的投入促使我进一步思考文化商在全球领导者身上所表现出来的多种方式,以及思考为保持信息的关联性需要更多的调整和更新。

当我在写作第二版时,看了第一版初稿的学者们和经理们给了我大量建设性的建议,他们是:Soon Ang、Dick DeVos、Rebecca Kuiper、Linda Fenty、Don Maine、Kok Yee Ng、Sandra Upton、Linn Van Dyne 和

Mike Volkema。他们的经验和看法深深地塑造了这本书,而且在写第二版的时候我也继续听从了他们的建议。

当美国管理者协会出版社的 Christina Parisi 邀请我写第一本书的时候,她的邮件开头是这样的:"自从我去国外上大学,我就对这一主题感兴趣了。"很高兴的是,在她的编辑指导下,第一版得以面世。同样值得一提的是与我的新编辑,美国管理者协会出版社的 Stephen S. Power 共事。在修订的过程中他给我指引,并肯定了将该版提升到一个新水平的价值所在。

我的大女儿,埃默里,已经成长为一名具备文化商的年轻女士,她对文化商的重视是我从未想到的。而我的小女儿格瑞斯则与我一起探索新的地方,应用文化商,从而让世界变得更好。最后,能与最好的朋友结婚是一份最好的礼物。琳达对文化商的沉迷更甚于我。不管别人是否接受我的观点,她永远都是我安全的港湾。

附录一
世界十大文化区

我已编译了世界十大文化区的文化价值标准,详见第五章的文化价值维度表。各文化区内的思维和行为模式存在相似性。请注意我们反复强调的一点:千万别生搬硬套。尽管你不可能完全将整个世界都归入十大文化区,但这却让我们对主流文化特点有个基本的了解。对每个文化区我们都列举了一些国家和地区,这些国家和地区的大部分人都表现出该文化区的特点。但是由于各地不断增加的多样性,几乎每个国家和地区都会有人来自于多个文化区。基于罗南(Ronen)和申卡尔(Shenkar)的研究成果①,十大文化区如下:

英语文化区:澳大利亚、加拿大、新西兰、英国、美国

英语文化区起源于地域辽阔的国家,因此人们在离邻居很远的地方安家。大部分盎格鲁人喜欢开阔的空间。英语文化区的大多数人都冷酷、独立。该文化区在十大文化区中地理位置最为分散。但是使英语文化区统一的原因在于他们有共同的种族和语言文化:讲英语的白种人。该文化区的人口大约占全世界的7%,但GDP却占了全球的40%。

阿拉伯文化区:巴林、埃及、约旦、科威特、黎巴嫩、摩洛哥、沙特阿拉伯、阿拉伯联合酋长国

说一个人是阿拉伯人更多的是一种文化认同而不仅仅是种族问题。阿拉伯语作为第一语言是一个人被认为是阿拉伯人的关键因素。作为阿拉伯人同样意味着其家庭关系是源于这样一个区域,并在对家庭的尊重上体现了这种至高无上的价值观。一个人是阿拉伯人却不一定是穆斯林,但伊斯兰教对这一文化区的影响却无处不在。即使是那些不信伊斯兰教的阿拉伯人也常常受到伊斯兰教理想和信条的影响,并常常把自己称作是"文化意义上的穆斯林"。

亚洲儒家文化区:中国、日本、新加坡、韩国

我们有时也把儒家思想称为"礼乐制度",因为礼是儒家文化思维方式和行为模式不可或缺的一部分。礼,从字面上理解,是指构建秩序。礼是指礼节、习俗、方式,是一种礼仪、礼貌、举止得体。礼和仁(仁爱)是社会生活五种人伦关系的构成之一:即君臣、父子、夫妻、兄弟、朋友五种关系。当你与亚洲儒家文化区的人共事时,需要明确你处于哪一种关系。

东欧文化区:阿尔巴尼亚、捷克、希腊、匈牙利、蒙古、波兰、俄罗斯

东欧文化区也许是十大文化区中最多元的一个文化区,主要是因为该区地域辽阔,有着悠久的、无情的殖民史。有的时候殖民势力来自于外部,有的时候来自于该文化区内部的各种群体。这些不同的殖民地开拓者对多种信仰、多种习俗和多种语言的形成产生了深远的影响。该文化区的许多国家甚至在最近二十年都经历了巨大的地缘政治变化。东欧人逐渐被认为是"欧洲人",他们大多数不再喜欢被称为是来自于"苏联"的人。

日耳曼欧洲文化区:奥地利、比利时、德国、荷兰

日耳曼文化区悠久而丰富的文化遗产可以追溯到几千年前。日耳曼欧洲是一种相对传统的保守型文化,变化缓慢。该文化区相对较小,但在全世界却有相当大的经济印迹,而且该文化区的国家之间有很深的经济联系。日耳曼文化区出现了许多著名的诗人、小说家、音乐家和哲学家,也曾引领世界文化的发展。日耳曼文化以付诸行动和更加看重个人的权利而广为人知。

拉丁美洲文化区：阿根廷、玻利维亚、巴西、智利、哥伦比亚、哥斯达黎加、墨西哥

拉丁美洲文化区既有大量拉丁欧洲的文化，也反映出许多中美和南美的民族文化。拉美文化中广为人知的方面有紧密的家庭关系、顺其自然的生活态度（无论发生什么事），以及隆重举办欢庆活动的能力。比起老的一代，年轻的一代已变得更加积极主动和独立。从整个文化区来看，越来越多人试图将拉丁传统抛在脑后，对于未来却充满希望并持乐观态度。

拉丁欧洲文化区：法国、加拿大法语区、意大利、葡萄牙、西班牙

拉丁欧洲有时被认为是欧洲文明的摇篮。拉丁欧洲在地中海沿岸，是欧洲发迹的地方。拉丁欧洲文化区最显著的一个特点是家长作风倾向。那些拥有更大的权力、更高的能力、影响和金钱的人应该利用手中的资源去照顾那些没有那么多资源的人。尽管现代的拉丁欧洲文化区越来越少的人虔诚地看待宗教，但是罗马天主教堂的价值观和精神仍对许多拉丁欧洲人的思维和行为方式产生重要的影响。

北欧文化区：丹麦、芬兰、爱尔兰、挪威、瑞典

北欧的"北"是指"北部的"意思。北欧文化区在古时是诺曼人或维京人的地方。因丹麦作家阿克塞尔·桑德摩斯而广受欢迎的詹代法则,是理解北欧文化区最重要的思想之一。詹代法则的总体原则是:"不要以为你很特别"。谦逊、平等、谦卑、怀疑的态度是詹代法则的集中体现。此外,北欧文化认为保持工作和生活之间的平衡最重要,并认为人们应该保持一定的生活质量而不是只顾着工作和生产,这样社会才会变得更好。

南亚文化区:印度、印度尼西亚、马来西亚、菲律宾、泰国

南亚国家之间的文化多种多样,实际上,这种多样性就是南亚文化区的统一主题。该文化区长久以来和平共处,各种不同的群体相互共存。穆斯林、印度锡克教、佛教、印度教、基督教以及许多其他教徒一起工作和生活。该文化区在传统上等级非常分明,对待客人、长辈以及身份地位高的人最重要的方式是提供服务、表示尊重和敬意。尊重他们在饮食、语言、习俗和信仰方面的大量不同是与该文化区人的相处之道。

下撒哈拉非洲文化区:加纳、肯尼亚、纳米比亚、尼日利亚、赞比亚、津巴布韦

非洲的大部分文化都有着悠久而传奇的历史,而下撒哈拉非洲则被普遍认为是人类文明的发源地。当人们想到非洲的时候,他们首先想到的是贫穷、腐败和疾病。但非洲正在崛起。英国广播公司的一项民意调查发现,被调查的非洲人中有90%都以自己是非洲人而自豪,并认为自己很成功而且蒸蒸日上。全世界的许多企业都优先考虑在非洲开公司。理解下撒哈拉非洲文化区关键的一种价值观是人性——我的存在是因为大家的存在,我和他人紧密相连。

附录二
文化商研究中心资源一览

文化商研究中心(Cultural Intelligence Center, CQC)致力于帮助个人和组织通过提高文化商来实现他们的全球化潜力。

文化商评估

文化商研究中心提供量身定制的大量测评文化商的评估工具。已有的评估工具包括文化商多维评价(360度)和文化商自我评价,这是为不同工作场所、海外游学、短期任务组、教会工作以及特定年龄组而特别开发的。文化商研究中心也提供个人文化价值观量表。

文化商认证计划

文化商研究中心为那些在企业中使用文化商评估工具或为客户提供咨询和培训的个人提供认证计划。

文化商研究

文化商研究中心长期开展文化商研究,并希望与该领域的其他研究者开展合作。

文化商咨询和培训

文化商研究中心为评估和提升文化商提供面对面或远程的培训服务。中心还在如何创建高文化商的组织方面提供咨询。

访问 www.culturalQ.com 获取更多信息。

注释

前言

① Soon Ang and Linn Van Dyne, "Conceptualization of Cultural Intelligence," in *Handbook of Cultural Intelligence: Theory, Measurement, and Applications*, ed. Soon Ang and Linn Van Dyne (Armonk, NY: M. E. Sharpe, 2008), 3.

② Aimin Yan and Yadong Luo, *International Joint Ventures: Theory and Practice* (Armonk, NY: M. E. Sharpe, 2000), 32.

③ R. J. Sternberg and D. K. Detterman, *What Is Intelligence? Contemporary Viewpoints on Its Nature and Definition* (Norwood, NJ: Ablex, 1986).

④ S. Ang et al., "Cultural Intelligence: Its Measurement and Effects on Cultural Judgment and Decision-Making, Cultural Adaptation, and Task Performance," *Management and Organization Review* 3 (2007): 335—371.

⑤ A compilation of much of the CQ research conducted to date is reported in Soon Ang and Linn Van Dyne, eds., *Handbook of Cultural Intelligence: Theory, Measurement, and Applications* (Armonk, NY: M. E. Sharpe, 2008).

第一章 文化的重要性:为什么需要文化商

① Soon Ang and Linn Van Dyne, "Conceptualization of Cul

tural Intelligence," in *Handbook of Cultural Intelligence: Theory, Measurement, and Applications*, ed. Soon Ang and Linn Van Dyne (Armonk, NY: M. E. Sharpe, 2008), 3.

② Thomas Friedman, *The World Is Flat: A Brief History of the Twenty-First Century* (New York: Farrar, Straus & Giroux, 2005).

③ Economist Intelligence Unit, "CEO Briefing: Corporate Priorities for 2006 and Beyond," 2006, http://a330. g. akamai. net/7/330/25828/20060213195601/ graphics. eiu. com/files/ad_pdfs/ceo_Briefing_UKTI_wp. pdf, 3.

④ Ibid. , 5.

⑤ Ibid. , 9.

⑥ Economist Intelligence Unit, "Competing Across Borders: How Cultural and Communication Barriers Affect Business," April 2012, http://www. economistinsights. com/countries-trade-investment/analysis/competing-across-borders.

⑦ Gary Ferraro, *The Cultural Dimension of International Business* (Upper Saddle River, NJ: Prentice-Hall, 2006), 2—3.

⑧ Economist Intelligence Unit, "CEO Briefing," 9.

⑨ Economist Intelligence Unit, "Competing Across Borders."

⑩ Economist Intelligence Unit, "CEO Briefing," 9.

⑪ Economist Intelligence Unit, "Competing Across Borders."

⑫ Douglas A. Ready, Linder A. Hill, and Jay A. Conger, "Winning the Race for Talent in Emerging Markets," *Harvard Business Review* (November 2008): 63—70.

⑬ Jessica R. Mesmer-Magnus and Chockalingham Viswesvaran, "Expatriate Management: A Review and Directions for Research in Expatriate Selection, Training, and Repatriation," in *Handbook of Research in International Human Resource Management*, ed. Michael Harris (Boca Raton, FL: CRC Press, 2007), 184; Linda J. Stroh et al. , *International Assignments: An Integration of Strategy, Research, and Practice* (Boca Raton, FL: CRC Press, 2004).

⑭ Margaret Shaffer and Gloria Miller, "Cultural Intelligence: A Key Success Factor for Expatriates," in *Handbook of Cultural Intelligence: Theory, Measurement, and Applications*, ed. Soon Ang and Linn Van Dyne (Armonk, NY: M. E. Sharpe, 2008), 107, 120.
⑮ Bruce Brown in Jeff Dyer and Hal Gregersen, "How Procter & Gamble Keeps Its Innovation Edge," *Forbes*, April 12, 2012, http://www.forbes.com/sites/innovatorsdna/2012/04/12/how-procter-gamble-keeps-its-innovat ion-edge/.
⑯ Chris Gibbons, "The Top Team," *Acumen*, October 2013, 35.
⑰ Friedman, *The World Is Flat*.
⑱ Robert A. Kenney, Jim Blascovich, and Phillip R. Shaver, "Implicit Leadership Theories: Prototypes for New Leaders," *Basic and Applied Social Psychology* 15, No. 4 (1994): 409—437.

第二章 什么是文化商

① Cheryl Tay, Mina Westman, and Audrey Chia, "Antecedents and Consequences of Cultural Intelligence Among Short-Term Business Travelers," in *Handbook of Cultural Intelligence: Theory, Measurement, and Applications*, ed. Soon Ang and Linn Van Dyne (Armonk, NY: M. E. Sharpe, 2008), 130.
② Linn Van Dyne et al., "Sub-dimensions of the Four Factor Model of Cultural Intelligence: Expanding the Conceptualization and Measurement of Cultural Intelligence," *Social and Personality Psychology Compass* 6 (2012): 295—313.
③ Ibid.
④ Ibid.
⑤ Ibid.
⑥ Ibid.
⑦ S. Ang et al., "Cultural Intelligence: Its Measurement and Effects on Cultural Judgment and Decision Making, Cultural Adaptation, and Task

Performance," *Management and Organization Review* 3 (2007): 335—371.

⑧ Van Dyne, Ang, and Koh found convergent validity between self-reported and observer-reported cultural intelligence. See Linn Van Dyne, Soon Ang, and Christine Koh, "Development and Validation of the CQS," in *Handbook of Cultural Intelligence: Theory, Measurement, and Applications*, ed. Soon Ang and Linn Van Dyne (Armonk, NY: M. E. Sharpe, 2008), 16—38.

⑨ David Matsumoto and Hyisung C. Hwang, "Assessing Cross-Cultural Competence: A Review of Available Tests," *Journal of Cross-Cultural Psychology* 44 (2013): 855.

⑩ Ibid., 867.

⑪ R. J. Sternberg and D. K. Detterman, eds., *What Is Intelligence? Contemporary Viewpoints on Its Nature and Definition* (Norwood, NJ: Ablex, 1986).

⑫ J. D. Mayer and P. Salovey, "What Is Emotional Intelligence?" in *Emotional Development and Emotional Intelligence: Educational Applications*, ed. P. Salovey and D. Sluter (New York: Basic Books, 1997), 3—31.

⑬ M. Janssens and T. Cappellen, "Contextualizing Cultural Intelligence: The Case of Global Managers," in *Handbook of Cultural Intelligence: Theory, Measurement, and Applications*, ed. Soon Ang and Linn Van Dyne (Armonk, NY: M. E. Sharpe, 2008), 369.

⑭ Soon Ang, Linn Van Dyne, and Christine Koh, "Personality Correlates of the Four-Factor Model of Cultural Intelligence," *Group & Organizational Management* 31 (2006): 100—123.

⑮ Van Dyne et al., "Sub-dimensions of the Four Factor Model of Cultural Intelligence."

⑯ Linda Fenty, personal conversation, May 1, 2008.

第三章 CQ 动力:发掘自身潜能

① Linn Van Dyne et al., "Sub-dimensions of the Four Factor Model of

注释

Cultural Intelligence: Expanding the Conceptualization and Measurement of Cultural Intelligence," *Social and Personality Psychology Compass* 6 (2012): 295—313.

② A. Bandura, *Self-efficacy: The Exercise of Control* (New York: W. H. Freeman, 1997), 15.

③ Klaus Templer, C. Tay, and N. A. Chandrasekar, "Motivational Cultural Intelligence, Realistic Job Preview, Realistic Living Conditions Preview, and Cross-Cultural Adjustment," *Group & Organization Management* 31, no. 1 (2006): 167—168.

④ P. Christopher Earley, Soon Ang, and Joo-Seng Tan, *CQ: Developing Cultural Intelligence at Work* (Stanford, CA: Stanford Business Books, 2006), 69.

⑤ Cheryl Tay, Mina Westman, and Audrey Chia, "Antecedents and Consequences of Cultural Intelligence Among Short-Term Business Travelers," in *Handbook of Cultural Intelligence: Theory, Measurement, and Applications*, ed. Soon Ang and Linn Van Dyne (Armonk, NY: M. E. Sharpe, 2008), 130.

⑥ Earley, Ang, and Tan, *CQ*, 67—68.

⑦ Craig Storti, *The Art of Crossing Cultures* (Yarmouth, ME: Intercultural Press, 1990), 44.

⑧ W. Maddux et al., "Expanding Opportunities by Opening Your Mind: Multicultural Engagement Predicts Job Market Success Through Longitudinal Increases in Integrative Complexity," *Social Psychological and Personality Science*, December 11, 2013.

⑨ John Elkington, "Towards the Sustainable Corporation: Win-Win-Win Business Strategies for Sustainable Development," *California Management Review* 36, no. 2 (1994): 90—100.

⑩ Thich Nhat Hanh, *The Art of Power* (New York: Harper One, 2007), 68.

⑪ Paulo Freire, *Pedagogy of the Oppressed* (New York: Continuum, 1997).

⑫ Fareed Zakaria, *The Post-American World* (New York: Norton, 2008), 224. 13. Ibid., 226.

⑬ Henry Cloud, *Integrity: The Courage to Meet the Demands of Reality* (New York: HarperCollins, 2006), 242.

⑭ L. M. Shannon and T. M. Begley, "Antecedents of the Four-Factor Model of Cultural Intelligence," in *Handbook of Cultural Intelligence: Theory, Measurement, and Applications*, ed. Soon Ang and Linn Van Dyne (Armonk, NY: M. E. Sharpe, 2008), 41—54; Ibraiz Tarique and Riki Takeuchi, "Developing Cultural Intelligence: The Role of International Nonwork

⑮ Experiences," in *Handbook of Cultural Intelligence: Theory, Measurement, and Applications*, ed. Soon Ang and Linn Van Dyne (Armonk, NY: M. E. Sharpe, 2008), 56.

第四章 CQ知识(上):了解重要文化差异

① Allan Hall, Tom Bawden, and Sarah Butler, "Wal-Mart Pulls Out of Germany at a Cost of $1bn," *The Times*, July 29, 2006.

② Edgar Schein, *Organizational Culture and Leadership* (San Francisco: Jossey-Bass, 2004), 11.

③ Linn Van Dyne et al., "Sub-dimensions of the Four Factor Model of Cultural Intelligence: Expanding the Conceptualization and Measurement of Cultural Intelligence," *Social and Personality Psychology Compass* 6 (2012): 295—313.

④ C. Kluckhohn and W. H. Kelly, "The Concept of Culture," in *The Science of Man in the World Crisis*, ed. R. Linton (New York: Columbia University Press, 1945), 78—105.

⑤ Claudia Strauss and Naomi Quinn, *A Cognitive Theory of Cultural Meaning* (Cambridge: Cambridge University Press, 1997), 253.

⑥ William Rugh, "If Saddam Had Been a Fulbrighter," *Christian Science Monitor*, November 2, 1995.

⑦ William Kiehl, *America's Dialogue with the World* (Washington, DC: Public Diplomacy Council, 2006), 42.
⑧ *Baywatch*. http://en.wikipedia.org/wiki/Baywatch. Accessed August 24, 2007.
⑨ Gary Ferraro, *The Cultural Dimension of International Business* (Upper Saddle River, NJ: Prentice-Hall, 2006), 12.
⑩ S. T. Shen, M. Wooley, and S. Prior, "Towards Culture-Centered Design," *Interacting with Computers* 18 (2006): 820—852.
⑪ R. J. House et al., *Culture, Leadership, and Organizations: The GLOBE Study of 62 Societies* (Thousand Oaks, CA: Sage, 2004).
⑫ Ferraro, *The Cultural Dimension of International Business*, 48.
⑬ Ibid., 49.
⑭ R. Parkin, *Kinship: An Introduction to Basic Concepts* (Malden, MA: Blackwell, 1997), 49.
⑮ Kwok Leung and Soon Ang, "Culture, Organizations, and Institutions," in *Cambridge Handbook of Culture, Organizations, and Work*, ed. R. S. Bhagat and R. M. Steers (Cambridge: Cambridge University Press, 2008), 26.
⑯ M. Weber, *The Protestant Ethic and the Spirit of Capitalism* (New York: Charles Scribner's Sons, 1958).
⑰ Leung and Ang, "Culture, Organizations, and Institutions," 29.
⑱ A. Ong, *Spirits of Resistance and Capitalist Discipline: Factory Women in Malaysia* (Albany: State University of New York Press, 1987), 101.
⑲ Paul Hiebert, *Anthropological Reflections on Missiological Issues* (Grand Rapids, MI: Baker Academic, 1994), 114.
⑳ Ibid., 113.

第五章　CQ 知识(下):文化比较之十维度

① Check out *Cultures and Organizations*, *Riding the Waves of Culture*, *From Foreign to Familiar*, and *The Silent Language* as great places to begin.

The first two and others are cited throughout this chapter.

② Geert Hofstede, Gert Jan Hofstede, and Michael Minkov, *Cultures and Organizations: Software of the Mind* (New York: McGraw-Hill, 2010), 89—134.

③ My experience closely mirrors a simulation referenced in Craig Storti, *Cross-Cultural Dialogues* (Yarmouth, ME: Intercultural Press, 1994), 64. Storti's analysis helped my own thinking about the role of hierarchy in this encounter.

④ L. Robert Kohls and John Knight, *Developing Intercultural Awareness: A Cross-Cultural Training Handbook* (Yarmouth, ME: Intercultural Press, 1994), 45.

⑤ Hofstede, Hofstede, and Minkov, *Cultures and Organizations*, 53—87.

⑥ David Livermore, "How Facebook Develops Its Global Leaders: Conversation with Bill McLawhon," *People and Strategy* 36 (2013): 24—25.

⑦ Hofstede, Hofstede, and Minkov, *Cultures and Organizations*, 187—233.

⑧ Soon Ang, personal conversation, October 26, 2005; M. J. Gelfand, L. Nishii, and J. Raver, "On the Nature and Importance of Cultural Tightness-Looseness," *Journal of Applied Psychology* 91 (2006): 1225—1244.

⑨ Hofstede, Hofstede, and Minkov, *Cultures and Organizations*, 135—184; note that Hofstede et al. refer to this dimension as feminine versus masculine but many have moved away from using these terms lest they perpetuate gender stereotypes.

⑩ Ibid., 235—274.

⑪ Ibid.

⑫ Edward Hall, *The Hidden Dimension* (New York: Anchor Books, 1969), 77—95.

⑬ Patty Lane, *A Beginner's Guide to Crossing Cultures* (Downers Grove, IL: InterVarsity Press, 2002), 61—71.

⑭ Fons Trompenaars and Charles Hampden-Turner, *Riding the Waves of Culture: Understanding Diversity in Global Business* (New York: McGraw-

Hill, 1997), 125—156.

⑮ Andres Tapia, *The Inclusion Paradox: The Obama Era and the Transformation of Global Diversity* (Chicago: Andres Tapia, 2009), 112—113.

⑯ Trompenaars and Hampden-Turner, *Riding the Waves of Culture*, 78—103.

⑰ Hall, *The Hidden Dimension*, 122—145.

⑱ As noted in the citations throughout this chapter, a number of scholars have contributed to the research on cultural value dimensions, including Geert Hofstede, Fons Trompenaars, and Edward Hall. My colleagues and I have benefited a great deal from this work and have also built on it by doing our own research and analysis of the ten cultural dimensions included. For more information on how to assess your individual orientation on these ten dimensions, visit www.culturalQ.com.

⑲ J. S. Osland and A. Bird, "Beyond Sophisticated Stereotyping: Cultural Sense Making in Context," *Academy of Management Executive* 14, No. 1 (2000): 65—80.

第六章 CQ 战略:千万别太任性

① Linn Van Dyne et al., "Sub-dimensions of the Four Factor Model of Cultural Intelligence: Expanding the Conceptualization and Measurement of Cultural Intelligence," *Social and Personality Psychology Compass* 6 (2012): 295—313.

② P. Christopher Earley and Soon Ang, *Cultural Intelligence: Individual Interactions Across Cultures* (Stanford: Stanford Business Books, 2003), 115.

③ Tom Rath, *StrengthsFinder 2.0: A New and Upgraded Edition of the Online Test from Gallup's Now, Discover Your Strengths* (Washington, DC: Gallup Press, 2007).

④ P. Christopher Earley, Soon Ang, and Joo-Seng Tan, *CQ: Developing Cultural Intelligence at Work* (Stanford, CA: Stanford University Press,

2006), 11.
⑤ Soon Ang and Linn Van Dyne, "Conceptualization of Cultural Intelligence," in *Handbook of Cultural Intelligence: Theory, Measurement, and Applications*, ed. Soon Ang and Linn Van Dyne (Armonk, NY: M. E. Sharpe, 2008), 5.
⑥ R. Brislin, R. Worthley, and B. Macnab, "Cultural Intelligence: Understanding Behaviors That Serve People's Goals," *Group and Organization Management* 31, no.1 (February 2006): 49.
⑦ Six Sigma Financial Services, "Determine the Root Cause: 5 Whys," http:// finance.isixsigma.com/library/content/c020610a.asp.
⑧ Kok Yee Ng, Linn Van Dyne, and Soon Ang, "From Experience to Experiential Learning: Cultural Intelligence as a Learning Capability for Global Leader Development," *Academy of Management Learning & Education* 8 (2009): 29.

第七章 CQ 行动:忠于自我、进退有度

① Edward Stewart and Milton Bennett, *American Cultural Patterns: A Cross-Cultural Perspective* (Boston: Intercultural Press, 1991), 15.
② Linn Van Dyne et al., "Sub-dimensions of the Four Factor Model of Cultural Intelligence: Expanding the Conceptualization and Measurement of Cultural Intelligence," *Social and Personality Psychology Compass* 6 (2012): 295—313.
③ University of Phoenix is a for-profit institution that specializes in adult education with more than 100,000 students across numerous campuses.
④ Van Dyne et al., "Sub-dimensions of the Four Factor Model of Cultural Intelligence."
⑤ Helen Spencer-Oatey, "Rapport Management," in *Culturally Speaking*, ed. Helen Spencer-Oatey (London: Continuum Press, 2000), 236—237.
⑥ Adapted from Helen Spencer-Oatey's example of asking someone to wash the dishes in Spencer-Oatey, "Rapport Management," 22.

⑦ Originally reported in my book *Cultural Intelligence: Improving Your CQ to Engage Our Multicultural World* (Grand Rapids, MI: Baker Books, 2008), 115.

⑧ Gary Ferraro, *The Cultural Dimension of International Business* (Upper Saddle River, NJ: Prentice-Hall, 2006), 90—92.

⑨ David Thomas and Kerr Inkson, *Cultural Intelligence: People Skills for Global Business* (San Francisco: Berrett-Koehler, 2004), 113.

⑩ Ibid., 116.

⑪ Research findings on CQ and negotiation presented in Lynn Imai and Michele J. Gelfand, "The Culturally Intelligent Negotiator: The Impact of Cultural Intelligence (CQ) on Negotiation Sequences and Outcomes," *Organizational Behavior and Human Decision Processes* 112 (2010): 83—98; L. Imai and M. J. Gelfand, "Culturally Intelligent Negotiators: The Impact of CQ on Intercultural Negotiation Effectiveness," *Academy of Management Best Paper Proceedings* (2007).

⑫ Jeswald W. Salacuse, *The Global Negotiator: Making, Managing, and Mending Deals Around the World in the Twenty-First Century* (New York: Palgrave Macmillan, 2003).

⑬ Ibid., 172.

⑭ H. Giles and P. Smith, "Accommodation Theory: Optimal Levels of Convergence," in *Language and Social Psychology*, ed. H. Giles and R. N. St. Clair (Baltimore: University Park Press, 1979), 45—63.

⑮ Michele J. Gelfand et al., "Differences Between Tight and Loose Cultures: A 33-Nation Study," *Science* 27 (May 2011): 1100—1104.

第八章 高文化商领导者的"收益率"

① S. Ang, L. Van Dyne, and T. Rockstuhl, "Cultural Intelligence: Origins, Conceptualization, Evolution, and Methodological Diversity," in *Advances in Culture and Psychology: Volume 5*, ed. M. Gelfand, C. Chiu, and Y. Y. Hong (New York: Oxford University Press, 2014, in press).

② Soon Ang, Linn Van Dyne, and Christine Koh, "Personality Correlates of the Four-Factor Model of Cultural Intelligence," *Group & Organizational Management* 31 (2006): 100—123.

③ Efrat Shokef and Miriam Erea, "Cultural Intelligence and Global Identity in Multicultural Teams," in *Handbook of Cultural Intelligence: Theory, Measurement, and Applications*, ed. Soon Ang and Linn Van Dyne (Armonk, NY: M. E. Sharpe, 2008), 180.

④ Cheryl Tay, Mina Westman, and Audrey Chia, "Antecedents and Consequences of Cultural Intelligence Among Short-Term Business Travelers," in *Handbook of Cultural Intelligence: Theory, Measurement, and Applications*, ed. Soon Ang and Linn Van Dyne (Armonk, NY: M. E. Sharpe, 2008), 126—144; S. Ang et al., "Cultural Intelligence: Its Measurement and Effects on Cultural Judgment and Decision Making, Cultural Adaptation, and Task Performance," *Management and Organization Review* 3 (2007): 335—371; L. M. Shannon and T. M. Begley, "Antecedents of the Four-Factor Model of Cultural Intelligence," in *Handbook of Cultural Intelligence: Theory, Measurement, and Applications*, ed. Soon Ang and Linn Van Dyne (Armonk, NY: M. E. Sharpe, 2008), 41—55.

⑤ Tay, Westman, and Chia, "Antecedents and Consequences," 126—144.

⑥ Shokef and Erez, "Cultural Intelligence and Global Identity," 177—191.

⑦ Ang, Van Dyne, and Rockstuhl, "Cultural Intelligence: Origins, Conceptualization, Evolution, and Methodological Diversity."

⑧ M. Abdul Malek and P. Budhwar, "Cultural Intelligence as a Predictor of Expatriate Adjustment and Performance in Malaysia," *Journal of World Business* 48 (2013): 222—231; G. Chen et al., "When Does Intercultural Motivation Enhance Expatriate Effectiveness? A Multilevel Investigation of the Moderating Roles of Subsidiary Support and Cultural Distance," *Academy of Management Journal* 53 (2010): 1110—1130; L. Y. Lee and B. M. Sukoco, "The Effects of Cultural Intelligence on Expatriate

Performance: The Moderating Effects of International Experience," *International Journal of Human Resource Management* 21 (2010): 963—981; Y. C. Lin, A. Chen, and Y. C. Song, "Does Your Intelligence Help to Survive in a Foreign Jungle? The Effects of Cultural Intelligence and Emotional Intelligence on Cross-Cultural Adjustment," *International Journal of Intercultural Relations* 36 (2012): 541—552; H. K. Moon, B. K. Choi, and J. S. Jung, "Previous International Experience, Intercultural Training, and Expatriates' Intercultural Adjustment: Effects of Cultural Intelligence and Goal Orientation," *Human Resource Development Quarterly* 23 (2012): 285—330; S. Sri Ramalu et al., "Cultural Intelligence and Expatriate Performance in Global Assignment: The Mediating Role of Adjustment," *International Journal of Business and Society* 13 (2012): 19—32; C. Ward et al., "The Convergent, Discriminant, and Incremental Validity of Scores on a Self-Report Measure of Cultural Intelligence," *Educational and Psychological Measurement* 69 (2009): 85—105; P. C. Wu and S. H. Ang, "The Impact of Expatriate Supporting Practices and Cultural Intelligence on Intercultural Adjustment and Performance of Expatriates in Singapore," *International Journal of Human Resource Management* 22 (2012): 2683—2702.

⑨ T. Oolders, O. S. Chernyshenko, and S. Shark, "Cultural Intelligence as a Mediator of Relationships Between Openness to Experience and Adaptive Performance," in *Handbook of Cultural Intelligence: Theory, Measurement, and Applications*, ed. S. Ang and L. Van Dyne (Armonk, NY: M. E. Sharpe, 2008), 145—158; Ang et al., "Cultural Intelligence: Its Measurement and Effects."

⑩ Linn Van Dyne, Soon Ang, and Christine Koh, "Development and Validation of the CQS," in *Handbook of Cultural Intelligence: Theory, Measurement, and Applications*, ed. Soon Ang and Linn Van Dyne (Armonk, NY: M. E. Sharpe, 2008), 16—38.

⑪ Tay, Westman, and Chia, "Antecedents and Consequences of Cultural Intelligence," 126ff.

⑫ Economist Intelligence Unit, "CEO Briefing: Corporate Priorities for 2006 and Beyond," 2006, http://a330. g. akamai. net/7/330/25828/20060213195601/ graphics. eiu. com/files/ad_pdfs/ceo_Briefing_UKTI_wp. pdf, 14.

⑬ P. Christopher Earley, Soon Ang, and Joo-Seng Tan, *CQ: Developing Cultural Intelligence at Work* (Stanford, CA: Stanford Business Books, 2006), 10.

⑭ Lynn Imai and Michele J. Gelfand, "The Culturally Intelligent Negotiator: The Impact of Cultural Intelligence (CQ) on Negotiation Sequences and Outcomes," *Organizational Behavior and Human Decision Processes* 112 (2010): 83—98.

⑮ Ibid. ; Roy Y. J. Chua, Michael W. Morris, and Shira Mor, "Collaborating Across Cultures: Cultural Metacognition and Affect-Based Trust in Creative Collaboration," *Organizational Behavior and Human Decision Processes* 118 (2012): 116—131.

⑯ Eva Cheng, personal conversation, Hong Kong, March 10, 2014.

⑰ Ibid.

⑱ K. S. Groves and A. E. Feyerherm, "Leader Cultural Intelligence in Context: Testing the Moderating Effects of Team Cultural Diversity on Leader and Team Performance," *Group & Organization Management* 36 (2011): 535—566; Ang et al. , "Cultural Intelligence: Its Measurement and Effects. "

⑲ Ang, Van Dyne, and Rockstuhl, "Cultural Intelligence: Origins, Conceptualization, Evolution, and Methodological Diversity. "

⑳ David Livermore, "How Facebook Develops Its Global Leaders: Conversation with Bill McLawhon," *People and Strategy* 36 (2013): 24—25.

㉑ Ang et al. , "Cultural Intelligence: Its Measurement and Effects. "

㉒ T. Rockstuhl et al. , *International Military Officer Potential: Effects of Cultural Capital on Cultural Intelligence* (Working Paper, Nanyang Business School, Singapore, 2014); T. Rockstuhl et al. , *Beyond International Experience: Effects of Cultural Capital on Cultural Intelligence.*

Paper presented at the Academy of Management Annual Meeting, Orlando, FL, August 2013.

㉓ Chua, Morris, and Mor, "Collaborating Across Cultures"; T. Rockstuhl and K. Y. Ng, "The Effects of Cultural Intelligence on Interpersonal Trust in Multicultural Teams," in *Handbook of Cultural Intelligence: Theory, Measurement, and Applications*, ed. S. Ang and L. Van Dyne (Armonk, NY: M. E. Sharpe, 2008), 206—220.

㉔ Daniel Pink, *To Sell Is Human: The Surprising Truth About Moving Others* (New York: Riverhead Books, 2012), 158.

㉕ Economist Intelligence Unit, "CEO Briefing," 14.

㉖ X. P. Chen, D. Liu, and R. Portnoy, "A Multilevel Investigation of Motivational Cultural Intelligence, Organizational Diversity Climate, and Cultural Sales: Evidence from U. S. Real Estate Firms," *Journal of Applied Psychology* 97 (2012): 93—106.

㉗ R. Nouri et al., "Taking the Bite Out of Culture: The Impact of Task Structure and Task Type on Overcoming Impediments to Cross-Cultural Team Performance," *Journal of Organizational Behavior* (in press); Chua, Morris, and Mor, "Collaborating Across Cultures."

㉘ Visit www.culturalQ.com for more information on the *CQ Multi-Rater Assessment*.

㉙ Earley, Ang, and Tan, *CQ*, 10.

㉚ S. K. Crotty and J. M. Brett, "Fusing Creativity: Cultural Metacognition and Teamwork in Multicultural Teams," *Negotiation and Conflict Management Research* 5 (2012): 210—234; L. M. Moynihan, R. S. Peterson, and P. C. Earley, "Cultural Intelligence and the Multinational Team Experience: Does the Experience of Working in a Multinational Team Improve Cultural Intelligence?" *Research on Managing Groups and Teams* 9 (2006): 299—323; W. L. Adair, I. Hideg, and J. R. Spence, "The Culturally Intelligent Team: The Impact of Team Cultural Intelligence and Cultural Heterogeneity on Team Shared Values," *Journal of Cross-Cultural Psychology* 44 (2013): 941—962.

㉛ Economist Intelligence Unit, "Competing Across Borders: How Cultural and Communication Barriers Affect Business," April 2012, http://www.economistinsights.com/countries-trade-investment/analysis/competing-across-borders.

㉜ Rhonda Colvin, "The Cost of Expanding Overseas," *Wall Street Journal*, February 27, 2014, B6.

㉝ Abraham Sorock, "The Expat's Competitive Edge: Technical Skills, Cross-Cultural Knowledge, and Language Abilities Can Help Expats in China Find Positions in a Competitive Market," October 21, 2013, http://100kstrong.org/2013/11/01/china-business-review-the-expats-competitive-edge/.

㉞ Brian Carroll, "China Daily USA, Apco Worldwide Examine Experiences Facing Chinese Enterprises Doing Business in United States: Joint Study Identifies Key Factors for Success," February 25, 2013, http://www.apcoworldwide.com/content/news/press_releases2013/china_daily_research0225.aspx.

㉟ K. Kim, B. L. Kirkman, and G. Chen, "Cultural Intelligence and International Assignment Effectiveness," in *Handbook of Cultural Intelligence: Theory, Measurement, and Applications*, ed. S. Ang and L. Van Dyne (Armonk, NY: M. E. Sharpe, 2008), 71—90; Ramalu et al., "Cultural Intelligence and Expatriate Performance in Global Assignment"; S. Sri Ramalu, F. M. Shamsudin, and C. Subramaniam, "The Mediating Effect of Cultural Intelligence on the Relationship Between Openness Personality and Job Performance Among Expatriates on International Assignments," *International Business Management* 6 (2012): 601—610.

㊱ Earley, Ang, and Tan, *CQ*, 10.

㊲ Soon Ang and Andrew C. Inkpen, "Cultural Intelligence and Offshore Outsourcing Success: A Framework of Firm-Level Intercultural Capability," *Decision Sciences* 39, No. 3 (2008): 346.

㊳ Ang, Van Dyne, and Rockstuhl, "Cultural Intelligence: Origins, Conceptualization, Evolution, and Methodological Diversity."

第九章 带出一支高文化商的团队

① Soon Ang and Andrew C. Inkpen, "Cultural Intelligence and Offshore Outsourcing Success: A Framework of Firm-Level Intercultural Capability," *Decision Sciences* 39, no. 3 (2008): 343—344; M. A. Carpenter, W. G. Sanders, and H. B. Gregersen, "Bundling Human Capital with Organizational Context: The Impact of International Assignment Experience on Multinational Firm Performance and CEO Pay," *Academy Management Journal* 44, no. 3 (2001): 493—511.

② Jeffrey Liker, *The Toyota Way: 14 Management Principles from the World's Greatest Manufacturer* (New York: McGraw-Hill, 2004), 228—230.

③ Ang and Inkpen, "Cultural Intelligence and Offshore Outsourcing Success," 346.

④ Maddy Janssens and Tineke Cappellen, "Contextualizing Cultural Intelligence: The Case of Global Managers," in *Handbook of Cultural Intelligence: Theory, Measurement, and Applications*, ed. Soon Ang and Linn Van Dyne (Armonk, NY: M. E. Sharpe, 2008), 369.

⑤ P. Christopher Earley, Soon Ang, and Joo-Seng Tan, *CQ: Developing Cultural Intelligence at Work* (Stanford, CA: Stanford Business Books, 2006), 29.

⑥ Michael Goh, Julie M. Koch, and Sandra Sanger, "Cultural Intelligence in Counseling Psychology," in *Handbook of Cultural Intelligence: Theory, Measurement, and Applications*, ed. Soon Ang and Linn Van Dyne (Armonk, NY: M. E. Sharpe, 2008), 264.

⑦ Margaret Shaffer and Gloria Miller, "Cultural Intelligence: A Key Success Factor for Expatriates," in *Handbook of Cultural Intelligence: Theory, Measurement, and Applications*, ed. Soon Ang and Linn Van Dyne (Armonk, NY: M. E. Sharpe, 2008), 107ff.

⑧ Cheryl Tay, Mina Westman, and Audrey Chia, "Antecedents and Consequences of Cultural Intelligence Among Short-Term Business Travelers," in *Handbook of Cultural Intelligence: Theory, Measurement, and Applications*, ed. Soon Ang and Linn Van Dyne (Armonk, NY: M. E. Sharpe, 2008), 130.

后记 你是一个真正的全球领导者吗?

① Edgar Schein, *Organizational Culture and Leadership* (San Francisco: Jossey-Bass, 2004), 23.

附录一 世界十大文化区

② Simcha Ronen and Oded Shenkar, "Clustering Countries on Attitudinal Dimensions: A Review and Synthesis," *Academy of Management Review* 10, No. 3 (July 1985): 435—442.